0-5歳児

～主体的・対話的で深い学びへと誘う～

子どもの「やりたい！」が発揮される保育環境

宮里暁美 監修

Gakken

はじめに

「環境が大切だってことはわかっているけれど、うちの園では難しくって」「環境を工夫するといっても、どう工夫していいかわからない」と感じている方はいませんか？　広々とした保育室や自然豊かな園庭といった恵まれた園が紹介されている本を眺めては、ため息をついている方はいませんか？　この本は、そのような方々のためにあります。

限られたスペースでもその場所を最大限に生かすことで豊かな体験につなげることができます。プランターや遊具棚の位置を変えるだけでも子どもの動きが大きく変わります。

子どもの動きをよく見る→環境を変えてみる→子どもたちの動きをよく見る→さらに環境を改善する→また子どもの動きを見る、という循環が大切です。

環境が変わるとき、保育が変わります。保育が変わるとき、子どもたちが変わっていきます。幼児期の教育は「環境による教育」なのです。

自分から環境に関わり、驚きの心をもちながらさまざまに感じとる、そうやって体験したことは、子どもの体と心の中に深く残り、成長の基盤となっていくのです。

新保育所保育指針、新幼稚園教育要領、新幼保連携型認定こども園教育・保育要領の中に「幼児期に育みたい資質・能力」のことが記載されています。

「3つの資質・能力」は、自分から環境に関わり、友だちと刺激し合い、育ち合う中で育まれていきます。「『やりたい』が発揮される環境」を通して「3つの資質・能力」を育てていきましょう。

子どもを大切にすることを基盤に置き、独自の環境を設定し保育をつくり上げている園を紹介します。その園の実践から、「これはできそう！」「やってみよう！」というヒントを見つけてください。

お茶の水女子大学人間発達教育科学研究所 教授
文京区立お茶の水女子大学こども園 園長
宮里暁美

もくじ

PART 2

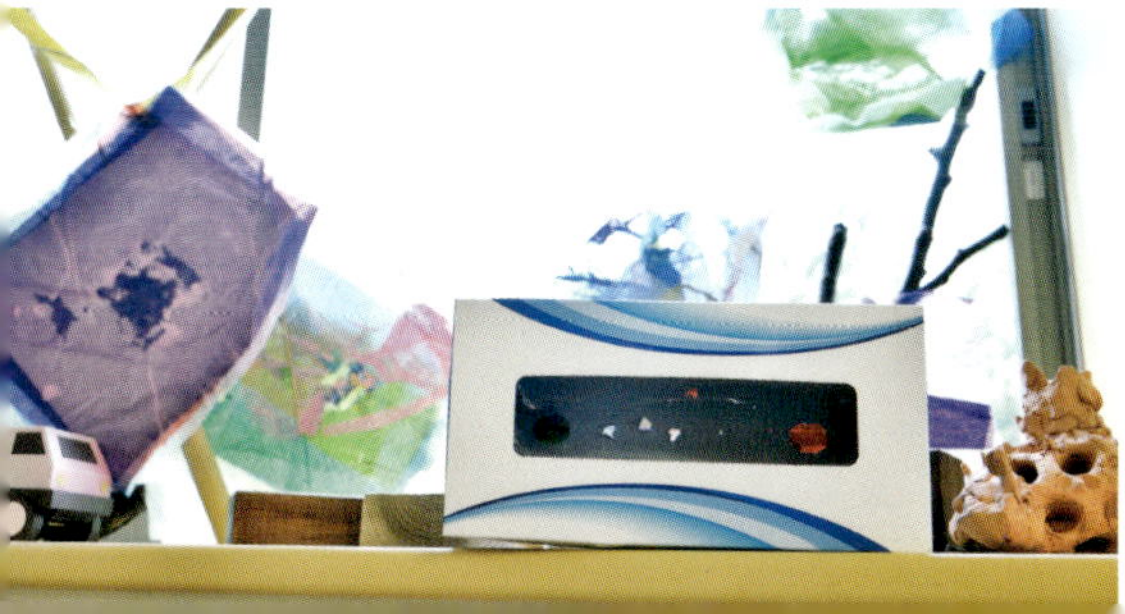
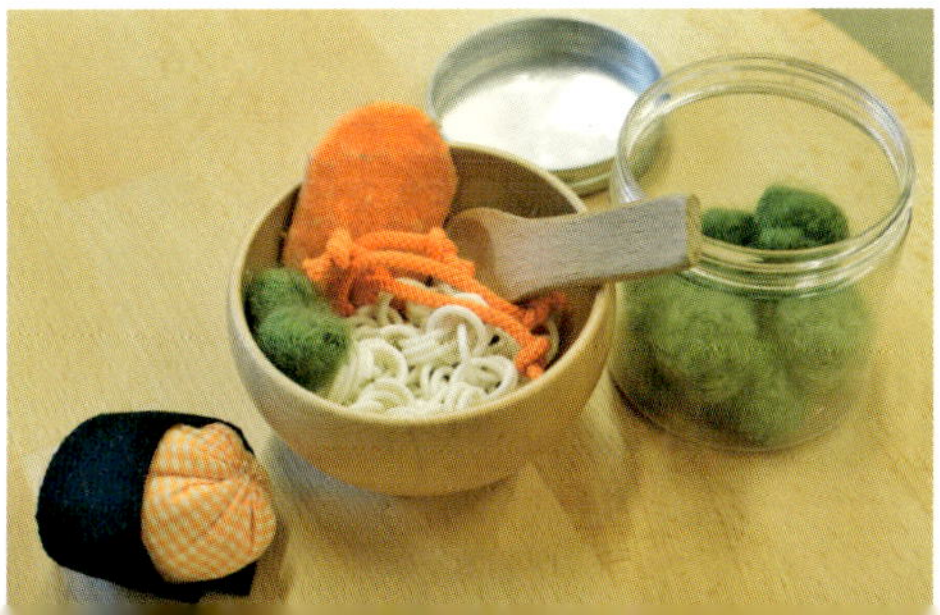
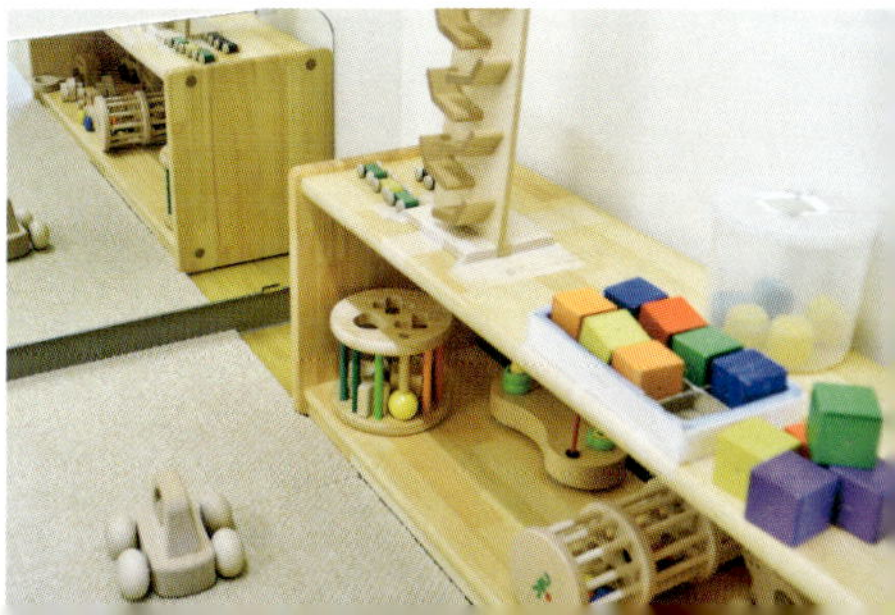

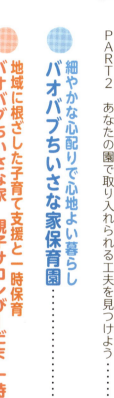

本書の使い方

本書は、こども園・保育園・幼稚園および一時預かり施設で実践されている環境づくりの工夫を、写真と文で構成しています。

PART 1

監修の宮里暁美先生が園長を務める、文京区立お茶の水女子大学こども園の実践です。屋外活動や生活習慣についても紹介しています。

● **保育室図**

年齢別保育室の紹介ページでは、おおまかな各保育室の図を掲載。

● **保育の環境**

年齢別や生活習慣などのカテゴリに分け、環境構成の具体的な内容を写真と文で説明しています。

PART 2

宮里先生が推薦された、園・施設の環境づくりを紹介します。

● **宮里先生のコメント**

各園についての、宮里先生が推薦された理由です。各園の特に見るべき点がわかります。

● **園全体図**

各園の敷地もしくは建物の全体図です。各園で工夫されている保育室の位置などがひと目でわかります。

園から提供された図をもとに、簡略化しています（扉、戸、窓などの形状も簡略し、省略している場合もあります）。本文の解説の参考としてご覧ください。

● **年齢**

年齢で比較できることや、特に理由がある場合、年齢アイコンを入れています。異年齢混合の場合もあります。

● **生活習慣の環境**

「食育」「着脱」「排せつ」「清潔」「安全」など、この時期に身につけておきたい生活習慣の園での様子です。アイコンがついています。

PART 1

0歳児から5歳児までの「育ち」を支える環境

文京区立お茶の水女子大学こども園の実践

2016年に開園した文京区立お茶の水女子大学こども園。宮里暁美先生はじめ、経験豊富な保育者が、それまでの実践や新しい工夫を生かしています。

0歳児から5歳児までが長時間集う中、どのような環境が子どもたちの成長を支えているのでしょうか。

PART 1

「やりたい！」が発揮される環境

宮里暁美

子どもたちが自ら「やりたい！」と思うためには、環境を整えることが大切です。子どもたちの気持ちや感覚に気づき、受け止めていくにはどうしたらよいか考えます。

子どもたちに過ごしてほしい時間・体験

子どもたちは、誕生のそのときから、自分の周りにある「モノ」の存在を感じて過ごしています。「『知る』ことは『感じる』ことの半分も重要ではない」（『センス・オブ・ワンダー』レイチェル・カーソン　著、上遠恵子　翻訳／新潮社）という言葉が示しているように、「感じること」が、子どもたちが世界を理解する入口なのです。

子どもが自ら環境に関わると、不思議さや面白さ、美しさを感じる体験が基盤となり、「もっと知りたい」「関わりたい」という思いを抱きます。その思いに突き動かされるようにして関わりを重ねる中で、多くの学びを得ていく。子どもに任された十分な時間と空間があれば、子どもは自分なりのやり方で「もっと知りたい」という探求を重ねていきます。

また、そこに、子どもの思いを受け止め、ともに探求したり、「ここはどうかな」と問いかけたりする保育者がいれば、さらに探求は深まっていきます。そうやって得た知識は、子どもの中に深く残っていくのです。

幼稚園教育要領、保育所保育指針、幼保連携型認定こども園教育・保育要領の中で共通に大切だとされていることのひとつに、「主体的・対話的で深い学び」があります。アクティブ・ラーニングのことを指す言葉でもありますが、先にあげた一連の姿こそが、「主体的・対話的で深い学び」の姿ではないかと考えます。

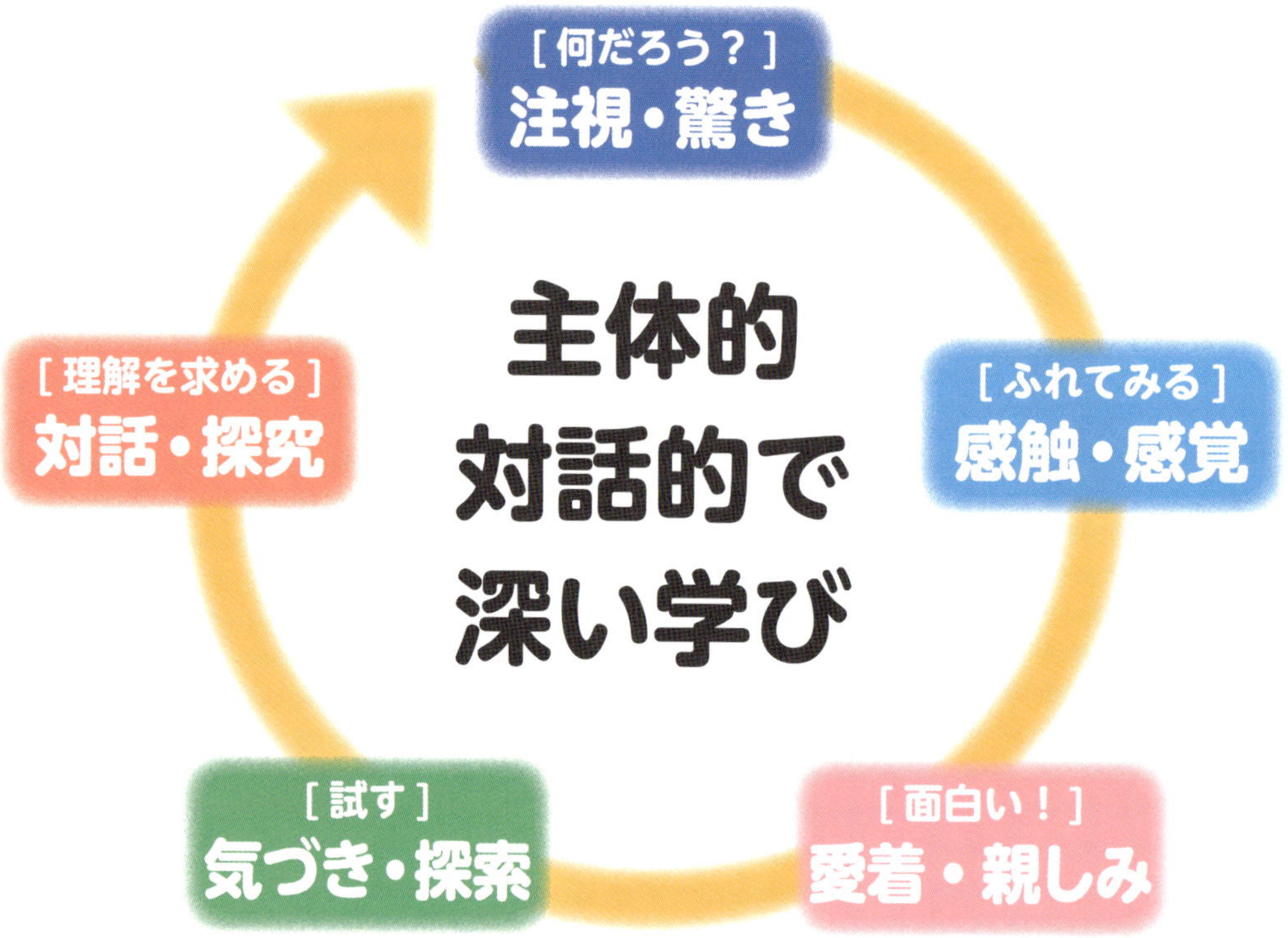

「やりたい！」が発揮されていくために

心揺り動かされる環境があり、その環境に自ら関わることができ、さまざまなアプローチが認められ、ともに楽しむ友だちや保育者がいたとき、子どもの体験は豊かなものになっていきます。

0歳児から5歳児までの子どもがともに育つ園の中で大切にしたいポイントをまとめました。14ページから紹介する文京区立お茶の水女子大学こども園の環境をつくるうえで基本としている5つのポイントです。

POINT 1 「あれは何？」と見回すことから始まる！

赤ちゃんの周りには、さまざまなものがあり、寝ていても刺激を受けています。日の光がさし込むとそちらのほうに顔を向けることがあります。まるで「あれは何？」と言っているかのように見える仕草は、好奇心の原型のように思えます。

子どもたちは、身の回りにあるものすべてから、さまざまに感じ、心を動かしています。子どもは、もともとそのような存在なのです。だからこそ、子どもの成長において環境の果たす役割は大きいのです。「子どもたちが初めて出合うものは、自然の素材で肌触りがよいものを」（P.16）は、施設長の私市《きさいち》和子先生の言葉です。保育室の中に置く小さなおもちゃひとつにも細心の心配りが必要なのです。

「イルカへ！」と差し伸ばされた手。

上の写真は、初めて水族館に行ってイルカを見た2歳児の姿です。イルカに向かって差し出した手に、呼応するかのようにイルカが近づいてきました。言葉を超えて通じ合う何かがそこにあります。このとき、言葉は必要ありません。ゆっくりとそのときを過ごす時間が子どもの心を豊かに育てます。

子どもたちの心を揺り動かすものとの出合いのある環境、そこに身を置き、自分らしく関わることのできる生活が大切なのです。

POINT 2 手を伸ばしふれてみる。その子らしいアプローチを大切に

この本の題名を『子どもの「やりたい！」が発揮される保育環境』としたのには、こんなわけがあります。倉橋惣三の『育ての心』（フレーベル館）の中に「自ら育つものを育たせようとする心」という言葉があります。また、子どものことを「自ら育とうとするもの」ともいっています。子どもは本来能動的な存在なのだということを、痛感させられます。

「自ら育とうとする」とは、どういうことだと思いますか？

「あれは何？」と周りを見回し、じっと見て、近づいて、そして自分のタイミングで手を伸ばす。その一連の行為の中に「自ら育とうとする」姿があるように思います。

子どもたちが本来もっている能動的な力を存分に発揮し、ものや場、状況、人と出会い、探究的な取り組みを広げていかれるようにという願いを込めた、本の題名にしました。

何かをさせようとするのではなく、子どもたちは何をするだろうと楽しみにする気持ちで子どもの傍らにいると、子どもたちはさまざまなことを始めていきます。そのような姿は、その子らしいアプローチを大切にする保育者のまなざしの下で生まれるのです。

左の写真は、散歩に出かけた先でダンゴムシ探しに夢中になっている1歳児の姿です。小さな指先でそっと触ってみるとコロンと丸くなりました。丸まってしまったダンゴムシを不思議そうに見ている子どもたちです。身近にいる小さな生きものとの出合いが子どもたちの心をとらえています。

散歩の途中でダンゴムシを見つけて……。

POINT 3 安心できる大人のそばにいるからできること

「やりたい！」気持ちはどのようにしてわき起こるのでしょうか？「やりたい！」気持ちの基盤には、安心できる大人の存在が欠かせないと思います。

その子が見ているものを同じように見て、その子が感じていることを同じように感じようとする大人がいるから、子どもは安心して一歩を踏み出すことができるのです。これは何かな？と思ったものにも、思いきって手を伸ばすことができるのだと思います。

下の写真は、セミの抜け殻を上手に両手に持っている1歳児の姿です。とても余裕のある表情ですが、初めてセミの抜け殻を持ったときには、持った瞬間に驚いてパッと手を開いたといいます。

何だこれ！という驚きに満ちた表情で抜け殻を下に落とし、それからまた持ってみて、また落として……。それを何度も繰り返すうちに、いつしかセミの抜け殻を持つことができるようになったといいます。

その一部始終を見守っていた保育者から「持てたね！」と感心されて、少し誇らしげな顔になりました。大人の支えがあって、自分から関わる動きが引き出されるのです。

「みんみんよ！」セミの抜け殻を保育者に見せる。

子どもたちにとって大人は安心を与えてくれる存在ですが、その在り方次第で、自分たちの行動を制限する存在になってしまいます。小さな子どもたちとともに過ごす日々を送り、無限の可能性を実感していると、大人の役割の大きさを痛感します。

子どものすぐそばにいる親や保育者が子どもの「やりたい」気持ちを大切に受け止め、「やってごらん」「大丈夫よ」と認めたり「一緒にやってみる？」と支えたりすることで、子どもたちは豊かに育っていきます。

POINT 4

発見を驚き、ともに楽しむ仲間がいて、探究が始まる

子どもたちは、それぞれの独自の視点で世界を見ています。ですから、遊びの中で発見することは無数にあります。

「見て！　面白いよ」

「こんなことができたよ」

何かを見つけた子どもの驚きの言葉に気づき様子を見に来る友だちがいて、発見がみんなのものになっていきます。

南からの日ざしがさし込む保育室では、くっきりと刻まれる影に目を留める子どもが多くいます。「キリンの首が伸びたよ」は、4歳児の発見です。影と実物を見比べて気づいたことを「首が伸びた」という表現にしているところが素敵です。この子たちは、大学内にある日時計に興味をもち、散歩のたびごとに影の位置を確かめていた子どもたちでした。影に興味をもっていたからこその豊かな気づきだったように思います。

ひとりの発見が友だちの中に広がる。そうすると楽しさもうれしさも広がります。発見をともに驚き、楽しむ仲間がいることで、子どもたちはさらに環境に働きかけるようになり、探求が深まっていきました。

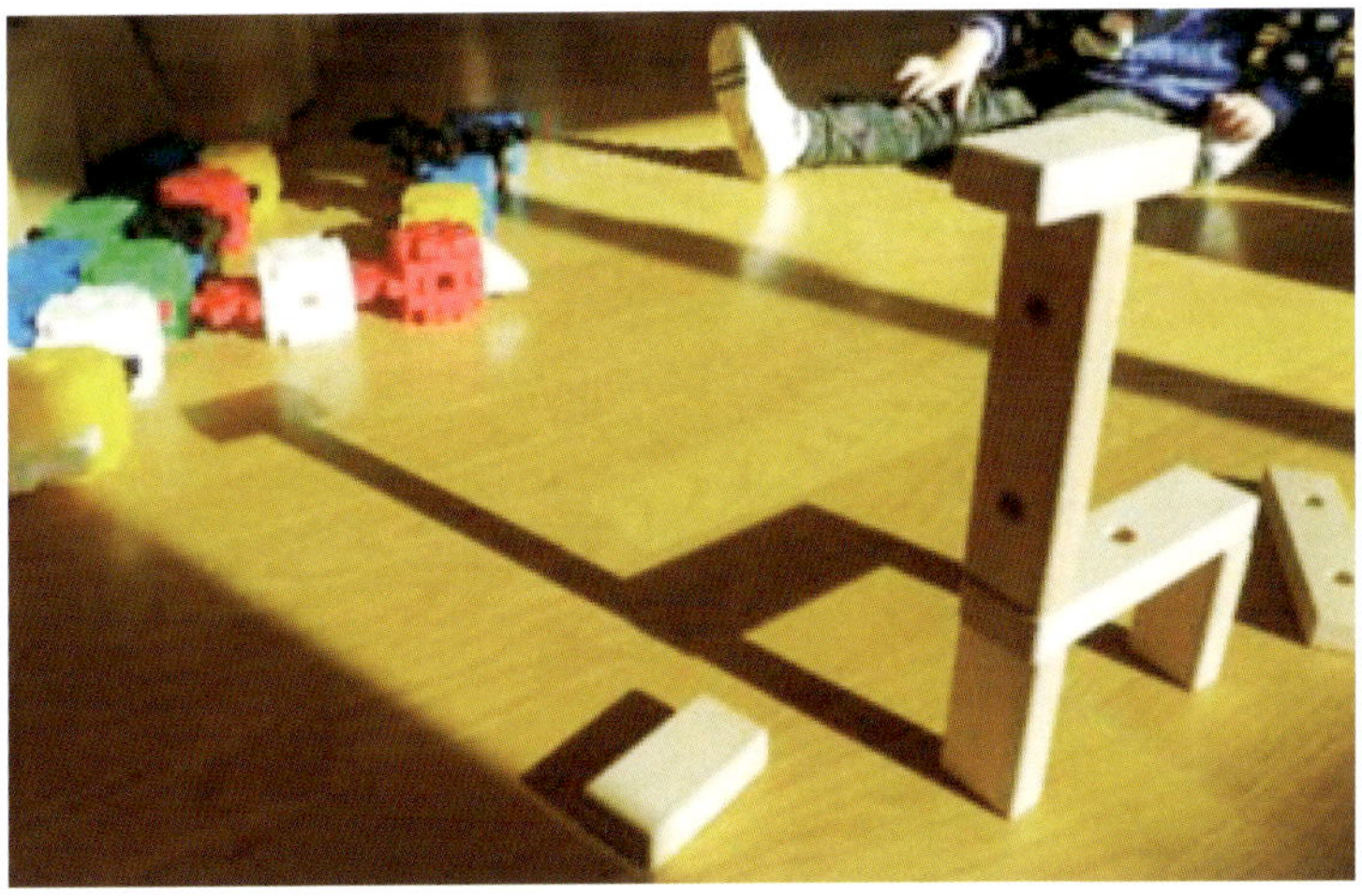

影を見て「あ！　首が伸びてる！」。

あき容器を集めているコーナーから色つきのペットボトル容器を見つけてきました。窓辺に置くと影に色がついて大喜び。「ほら見て」「わぁ、すごくきれい」と発見を伝え合っています。保育者が「こんなものもあったよ」と透明のおはじきを出したことで、きれいな影づくりの取り組みがさらに豊かなものになりました。

ひとりの発見から、喜びや探求が始まっていきます。そこで大切になるのは、ともに楽しむ「ヒト」がいること、さまざまな探求を支えるものや道具があることです。

「影がすごくきれいだね」と発見。

POINT 5

積み重ねられる日々の中で、「やりたい！」を大事にする風土ができていく

子どもたちのやりたい気持ちを大事にしている園では、子どもが帰ったあとにも、子どもたちの声が聞こえてくるような気がします。

あき箱を使って作ったレジが置いてあるままごとコーナー、作りかけの作品が大事にしまわれている個人のロッカー、散歩中に集めた実を種類ごとに分けて飾っている自然コーナー等々、子どもたちが大事にしている思いが伝わってきます。

「子どもが始めたことをまず大事にし、肯定し、それを共に味わい、一緒に生きる。それが育つ場である」（『新しく生きる―津守真と保育を語る』津守真／フレーベル館・P.43）と津守真はいっています。子どもが始めたことを大事にすることが保育の基本だ、という力強い言葉です。

子どもたちは身近な環境に関わり、感じ考えたことから遊び始めます。子どもたちが始めることは、保育者の予想をはるかに超えることがよくあります。そのとき、どのような遊びになるのだろうか、いったい何を実現しようと思っているのだろうか、保育者もドキドキしながら、遊びを進めていきます。子どもの「やりたい」を応援するということは、保育者にとってそう簡単なことではないのです。これは受け止めていいのだろうかと迷うわたしたちに、津守は次の言葉を贈ってくれています。

「子どもがし始めたことに天国の種があると信じ、子どものすることにその子どもなりの理由があると信じて、私は保育をしてきた。そういう考えは子どもをわがままにすると、しばしば言われた。だが、わがままにならないようにと考えるのではなく、違った感受性をもった子どもたちと、地上でどうつきあうかを考えるのが保育ではないか」（同上・P.46）

子どもの思いを大事にし、それを生かしながら豊かな遊びをつくり出していく保育を丹念に積み重ねている園には、遊びの記憶が豊かに残っているように思います。「やりたい！」を応援する風土ができているのだと思います。

場の中に刻まれた「遊びの記憶」。その記憶に敏感なのが子どもたちです。「あの場所が好きなのよね」という場所が、どの園にもあると思います。その場所にはきっと「遊びの記憶」が残っているのです。探してみてください。

青空に帽子を飛ばす！
みんながやりたくなる。

POINT 6 「やりたい」気持ちがわき起こるために必要な〈素材・自然・道具・仲間〉

ポイント1からポイント5まで気持ちがわき起こっていくプロセスを整理しました。最後にこれらのプロセスを支える4つの柱である素材・自然・道具・仲間についてまとめます。下のイメージ図にそって説明します。

素材 可塑性に富み、可能性の広がりを予感させるものは良質な素材です。乳児期にさまざまな素材に出合う経験を重ね、子どもが自分で選べて使いこなせるようになると、遊びの豊かさにつながります。

自然 自然とはとても範囲の広い言葉です。雨、風、雪、日の光、月などの自然現象。昆虫や動物、花や草木、野菜などの栽培物、実は拾い集める楽しさがあります。空を見上げれば、雲や鳥などいたるところに自然があります。子どもたちと自然の出合いを丁寧に積み重ねていくことが大切だと思います。

道具 素材や環境に能動的に関わるツールとして力を発揮するのが道具です。人が人になっていくために道具は重要な役割を果たしています。

幼児期に育てたい3つの資質・能力のうち「知識・技能の基礎」（遊びや生活の中で、豊かな体験を通じて、何を感じたり、何に気づいたり、何がわかったり、何ができるようになるのか）が育つのは、道具を使う体験からです。

仲間 一緒に楽しむ友人がいて、感動が広がり興味が持続します。「問い」が生まれ懸命に答える、という繰り返しの中で、自分の気持ちや考え方など中身がはっきりするように思います。仲間とは、同年齢の子どもだけではありません。異年齢の子どもたち、あるいは絵本の読みきかせの方々など、出会う人から多くの刺激を受けています。その姿を大切にしていきます。

文京区立お茶の水女子大学こども園の今を紹介します！

東京都文京区にある小さなこども園。2016年4月に開園した園です。

0歳児から5歳児まで93人の子どもたちの笑顔が輝く園では、子どもたちの「やりたい」気持ちが発揮されるようにと、さまざまな環境の工夫をしています。

多くの園を見学し、夢と現実の間で葛藤しながらつくり上げた園です。「心地よい生活空間」「自然素材を基調にし、感触を楽しめる遊具」「安全安心な園環境」に心を砕き、今も工夫や改善を重ねています。

次ページより、変化し続ける文京区立お茶の水女子大学こども園の「今」の姿を紹介します。各保育室の様子、園庭での遊び、大学構内での過ごし方、生活面での工夫、防災対策や掲示等、さまざまな観点で編集部が取材し、まとめました。

0歳児の環境

0歳児は寝ている子、はいはいを始める子など、発達の差が大きい時期。乳児の多様な動きを考えた部屋のレイアウトが望まれます。

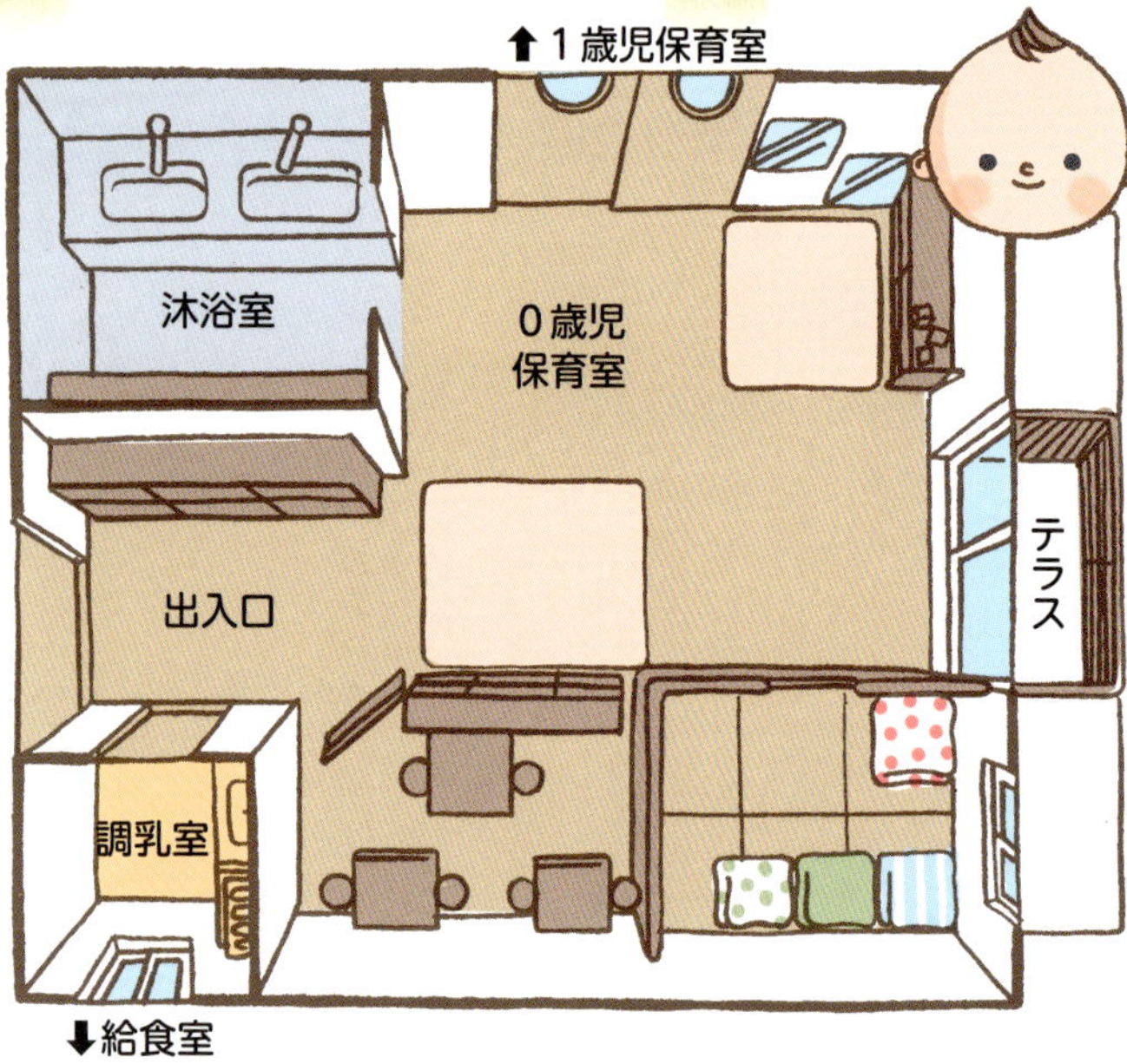

1階の奥にある0歳児の保育室。独立したつくりになっている。

生活ゾーンの独立性を保ちながらも一体感のある空間

0歳児クラスは、月齢や個人によって発達の差が大きく、一人ひとりが異なる生活リズムになっています。お茶の水女子大学こども園では個々の生活リズムに対応できるよう、「食べる」「寝る」「遊ぶ」そして「清潔」という4つの生活ゾーンをそれぞれ独立させ、子どもたちが居心地よく、安心して過ごせるような工夫が随所に見られました。

例えば、一段高くなった、たたみのスペースと、低い棚や手作りのおもちゃで区切られた授乳・食事のスペースは、それぞれの生活ゾーンを独立させるだけでなく、高さを変えたり棚を置いたりすることで、遊びのスペースと区別され、子どもたちが落ち着いて睡眠や食事をとれるように配慮されています。一方で、子どもたちが今、何に興味をもって遊んでいるか、すぐに気づくことができます。室内は子どもたちの成長に合わせ、棚などの位置が変わります。

また、授乳・食事スペースのすぐ手前にある調乳室が給食室とつながっていて、窓からできたての離乳食を受け取ることができるのも、大きな特徴のひとつ。清潔な環境を保つための沐《もく》浴《よく》室が、遊びのスペースとつながっていて、おむつ交換や着替えなども必要に応じてすぐに対応できるよう、保育者の動線にも細かな配慮がなされています。

安全性を考えた手作りの柵

部屋から段差なく続く手作りテラスの柵には、安全だけでなく、隙間を作って園庭との一体感を残すような工夫が。

居心地よく見せるための配慮

部屋の一隅に設けられたたたみのスペースは、落ち着いて午睡をするのにぴったり。周りから一段高くなっていることで、子どもたちが安心して休むことができる。

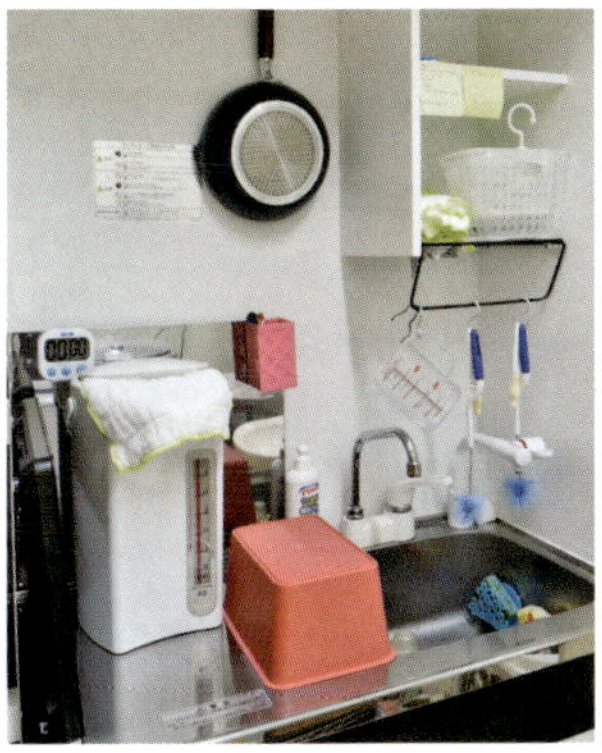

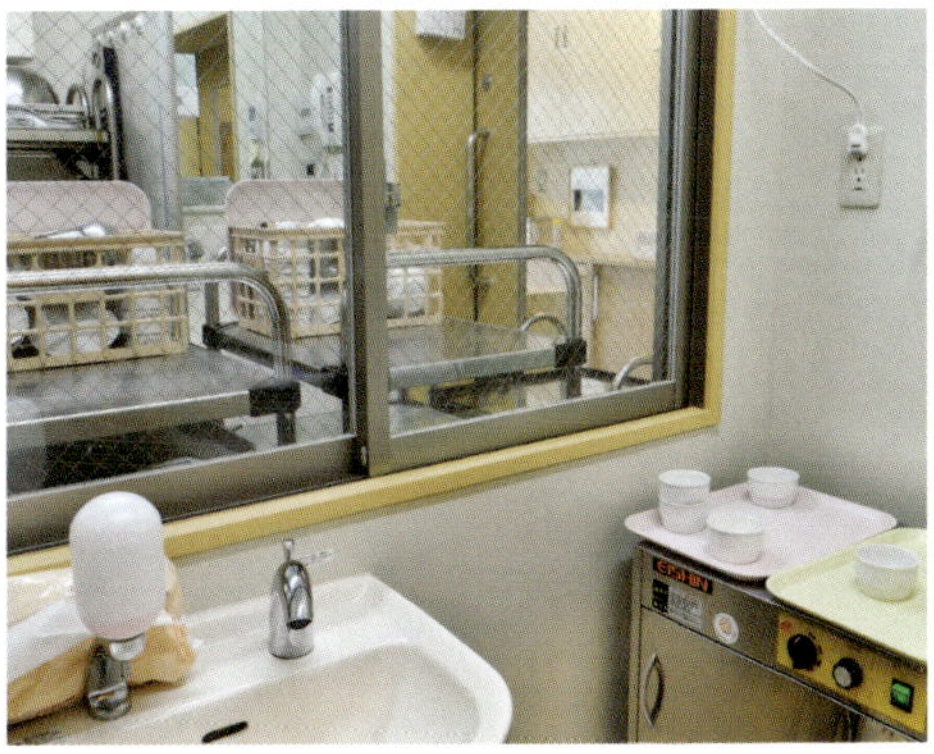

調乳室は給食室のとなりに

給食室と窓越しにつながる調乳室。使い勝手を重視して、簡単なキッチンや洗面所がコンパクトにまとめられている。

おもちゃは、ひとつの遊び方にしばられないものを

お座りやはいはい、つかまり立ちなど、少しずつできることが増えて、短期間にめざましい成長をとげる0歳児。特にこの時期は、運動機能だけでなく視覚や聴覚、触覚などの感覚器官がめざましく発達するため、遊びの環境を工夫することが大切です。

動きのあるおもちゃや音の出るおもちゃなどを子どもが手に取りやすい場所に置いて、五感を刺激しながら身近にあるものに関心をもつことができるようにされています。「子どもの旺盛な好奇心を満たすためにも、ひとつの遊び方に限定されず、子ども自身が遊びを発見できるような、想像力をかき立てるおもちゃを選ぶようにしている」と施設長の私市《きさいち》和子先生は言います。

「子どもたちが初めて出合うものは、自然の素材で肌触りがよいものを」という考えから、室内にあるおもちゃは木製や手作りのものが基本。子どもがなめても安全な大きさや材料のおもちゃが用意されています。

また、保育室だけでなく、テラスに出れば園庭で遊ぶ1~5歳児に出会ったり、車の音や雨の音、風の音、光など、外の世界からも刺激を受けることができるようになっています。

温かみのある木や布のおもちゃ

おもちゃは子どもが自分で選べるように、はいはいやつかまり立ちでも取れるところに置かれている。鏡も、自分の顔や動く姿を認識できるよう、子どもの目線に合わせた高さに。

背の低い棚を生活ゾーンの間仕切りに。子どもには向こう側が見えないので、落ち着いて遊びに集中できる。

おもちゃを出し入れすることを楽しむバッグは、肌触りのよいコットンで手作りしたもの。

立っちして引っ張れるよ

段ボールに穴をあけ、ゴムを通してループやボタンなどをつけるだけで、子どもたちは興味津々。握ったり、引っ張ったりしながら遊ぶことで、手指の運動に。

抱っこからはいはい、あんよまで

０歳児は、発達によって体勢もさまざま。お座りやはいはいしていても痛くないよう、遊びのスペースにはやわらかなマットが敷かれている。床とマットの感触の違いも感じられる。

やわらかな感触マット

音や感触の違いを楽しむため、クッションだけでなく、気泡緩衝材や枕のビーズなどを袋に詰めておく。

布団やクッションを重ね、ゆるやかな山ができあがった。板段ボールを入れると滑り台にもなる。

遊び終えたら、布団は丸めて収納。このままでも、子どもにとっては立派な遊び道具に。

手作りおもちゃも人気

おもちゃの整理にも大活躍のプラケース。ふたにあけた穴からおもちゃを出し入れするのも発達に合わせた遊び。

1歳児の環境

身近な人や環境に対する好奇心が高まって、旺盛な探索活動が始まる時期。子どもの発達や成長を支える環境づくりになってます。

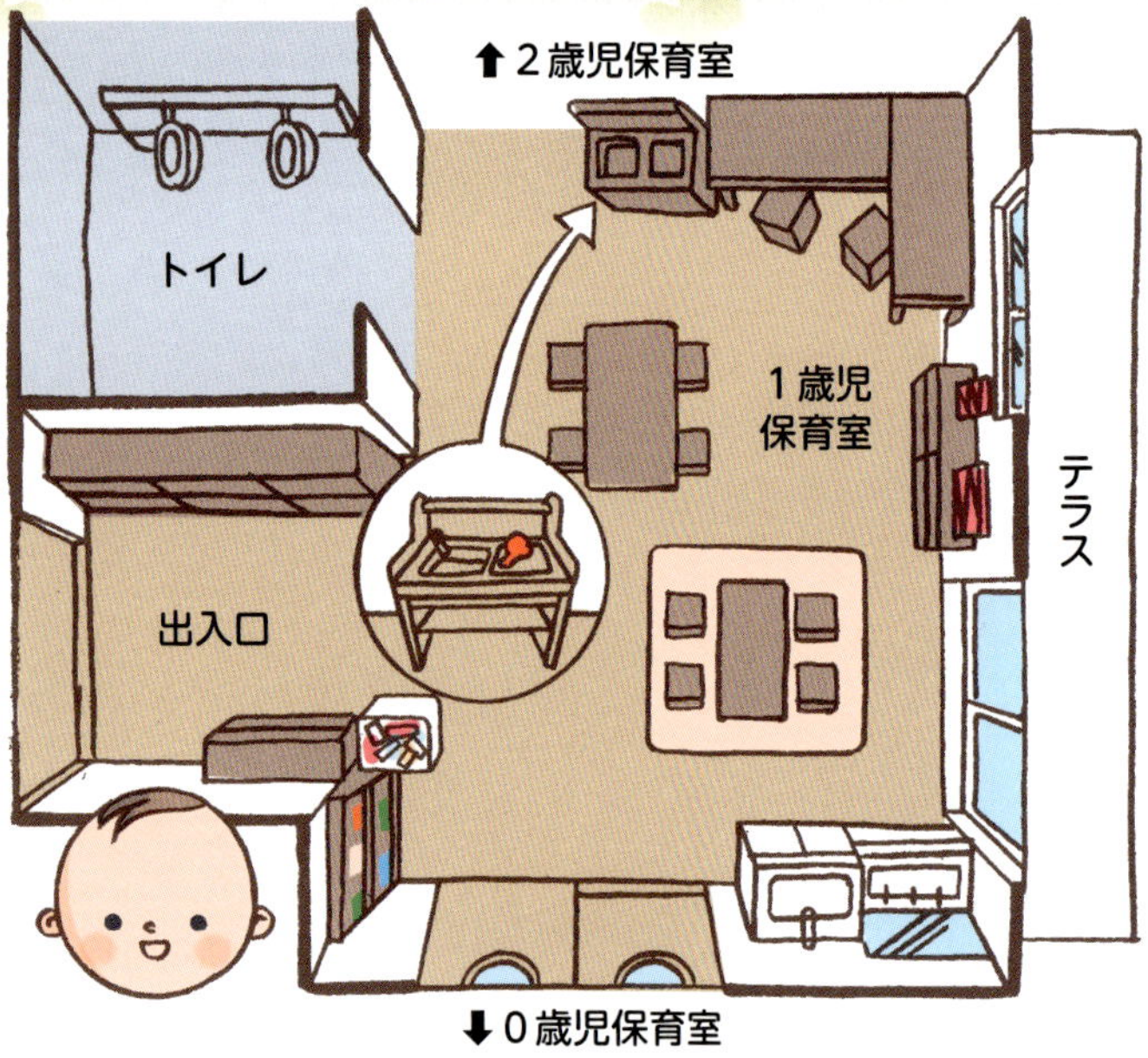

1階の真ん中にある1歳児の保育室。大きな窓から日光がさんさんと入る。

整理の習慣が自然と身につくような配置と工夫

ひとり歩きができるようになり、行動範囲が広がる1歳児の保育室は、大きな保育室を2歳児と一緒に使っています。間に壁はなく棚などで仕切って独立性を保ちながらも一体感のある空間となっています。

1歳児保育室に入って右側の引き戸をあけると、0歳児保育室とつながっているので、引き戸をあけ放つと0・1・2歳児が過ごす保育室がひとつの大きな部屋となります。子どもたちは、ここで乳児期から、異年齢の子どもとふれあっていくことができます。

また昼食は、1・2歳児が時間差で1歳児保育室で食べ、昼食が終わった子から、2歳児保育室で午睡に入ります。年齢で分けるのではなく、生活空間で区切ることができるのも、大きな部屋を仕切って使っているからでしょう。

おもちゃの棚には、木や布の素材が並びます。いずれも手を伸ばすことで動いたり、感触がよかったりと、「触ってみたい」と思わせることで、自発的な意識が高まります。

また、この頃の年齢は、トイレトレーニングの大切な時期。トイレのドアはつけずに小さなついたてで仕切られています。保育室と一体化して開放的で、子どもたちのトイレに対するとまどいや抵抗をやわらげる工夫をすることで、安心してトイレに行けるようになっています。

温かみのある木製家具で仕切り

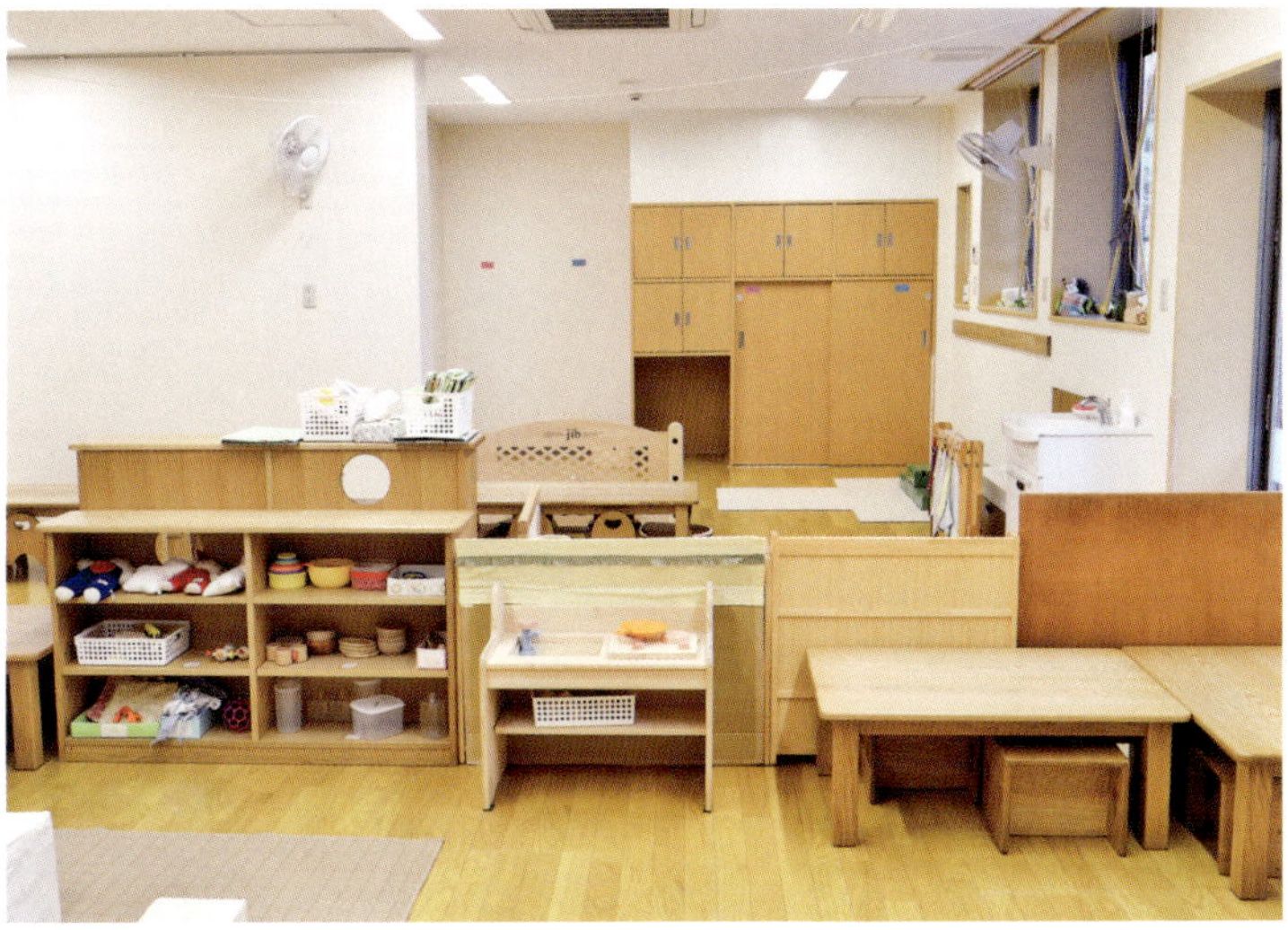

子どもの目線の高さで仕切られた保育室。奥は2歳児の保育室になっており、左にあるトイレ側から自由に行き来できる。室内は0歳児の保育室同様、温かみのある木製の家具で統一され、おもちゃも木やコットンなど、手触りのよいものが用意されている。

イラストマークは手描きで

タオルかけには、子どもの名前が貼られている。手描きマークにすることで、温かみを感じる。フックの間をひとつあけることで、タオル同士がふれず、衛生的。

いろいろ使える便利いす

急速に発達する子どもの成長に合わせて、上下をひっくり返せば高さが変わるいす。横にして並べればベンチのようにもなり、使わないときは机の下にしまえるすぐれもの。

座るときは背筋を伸ばして

1歳児保育室で昼食をとる2歳児。2歳児のいすは背もたれがあり、自然と背筋が伸びる。上は0歳児用のいす。ひじかけと足置きがある。

牛乳パックの積み木

中に詰め物をし、牛乳パックを布でくるんだ手作りのもの。ままごと遊びでいすとして使ったり、積み木のように積んだりもできる。

ドアをあければひとつの部屋に！

0歳児の保育室との間は、窓のついた引き戸で仕切られ、保育者はどちらの保育室の様子も確認できる。ふだん引き戸は閉められているが、ときには行き来も。左は、0歳児の保育室側、右は1歳児側から見たところ。

限られたスペースを生かして、廊下も遊びのスペースに

周囲の状況や言葉を理解し始め、少しずつ自我が芽生えてくる1歳児。身近な人と関わり、旺盛な探索活動から、子どもたちの「やりたい！」気持ちもどんどんふくらんでいきます。反面、気持ちが先走りして転倒や転落などの事故が多い時期でもあるので、安全管理にも注意が必要です。

1歳児の保育室は、テーブルやいすの並べ方次第で、食事や遊びのスペースに変化し、ときには0歳児と2歳児をつなぐ場となるよう工夫されています。0・1・2歳児の区分けがゆるやかな環境にすることで、月齢の近い子どもがともに過ごすことができます。

また、園では、廊下も大事な保育スペース。廊下にある本棚から選んだ絵本を、そのまま廊下で読みきかせしてもらったり、マットレスを敷いて体を動かしたり、トランポリンに興じたりと、その時々の子どもの興味に合わせて様子を変えながら、しっかり遊び場のひとつとなっています。

さらに、1歳児と2歳児の保育室からは直接園庭に出られるようになっていて、子どもたちは園庭、保育室、廊下と、場を自在に移動しながら、好奇心を満たしていきます。

廊下も保育室の一部

遊ぶ子の年齢やその時々で、廊下での遊び方はさまざまに変化する。ときには２歳児や２階の３～５歳児が年齢を超えて一緒に遊び始めることも。

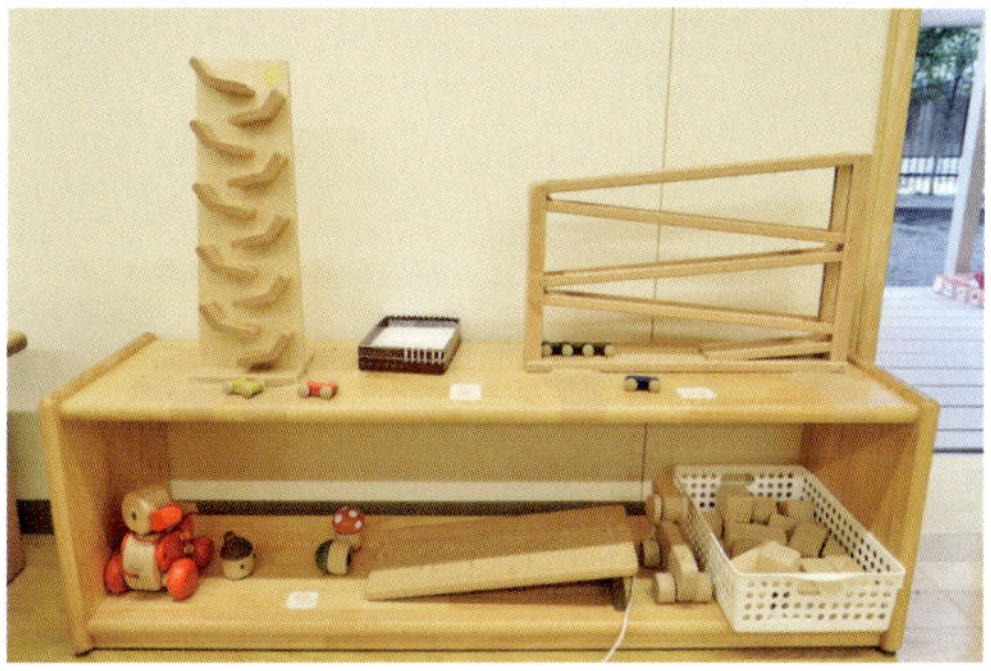

やさしい木のおもちゃが育む感性

棚に並ぶ、木製のおもちゃの数々。ままごとを始める子のためには、キッチンセットも。

安全対策も万全

廊下の手前は玄関ホールとなっているため、小さな子どもたちが誤って外に出ないよう、廊下で遊ぶときには木の柵を置いている。

マットやトランポリンもスタンバイ

廊下にはマットやトランポリンが用意され、室内でも子どもたちが思いきり体を動かすことができるようになっている。

宮里先生より

廊下を活用しよう

みんなに開かれた場所を保育空間として活用すると、出会いに恵まれます。廊下の活用、おすすめです！

2歳児の環境

運動機能が発達し、子どもはさまざまなことに興味をもち始めます。子どもの自発的な行動を引き出すような環境づくりが大切です。

保育室は、掃き出し窓から園庭に出られるようになっており、外から戻ったら窓の横にある洗面台で手洗いをする習慣を身につけられるようになっている。

異年齢の子どもとのふれあいで メリハリのある生活

体力がついて、歩くだけでなく走ったりジャンプをしたりと、運動機能を発達させていく2歳児。保育室が1階の玄関寄り、階段に近い場所に位置することもあって、時折階段を上っては、上の様子をのぞくようにもなります。

2016年に2階建ての園舎を開設する前に、園長の宮里暁美先生は保育室をどのように配置するかで迷ったそう。その結果、0・1・2歳児を1階にしたのは、「子どもが大きくなるということは、自分で世界を広げていくということ。年齢が下がれば下がるほど、自分の目の前に自分が行きたいところがある環境がいい」と考えたからでした。「2階はわざわざ行く場所だけれど、1階は子どもたちがいろいろな人に出会える場所」という通り、1階では、3〜5歳児や保育者、お客さんなど、いろいろな人から声をかけられます。

1歳児と共有する保育室でも、間を仕切る棚に丸い穴をあけてお互いの様子が見えるようにするなど、さまざまな場面で異年齢の子どもたちがふれあう機会があります。

その一方、ついたてで仕切った小さな空間をつくり、居間のようにする、午睡のときは奥のスペースに布団を並べるなど、子どもたちが落ち着いて生活できるような工夫をして、生活にメリハリをつけています。

ロールカーテンを下ろして安心して午睡

テラスに沿った奥のスペース。昼食を食べ終わった1歳児から、2歳児保育室で午睡に入る。午睡のときは、ロールカーテンを下ろし、静かで落ち着いた雰囲気に。

ちゃぶ台でおままごと

保育室を仕切るついたての横には、木製のキッチンセットとちゃぶ台が。鍋やまな板などが複数用意され、子どもたちがひとりずつでも遊べるように配慮されている。

1歳児ちゃん、見一つけた！

仕切りの棚にはところどころに丸い穴があいていて、お互いの様子がのぞけるようになっている。

おもちゃの種類や素材もさまざまに

おもちゃの素材は、木や布のほか、コルクやプラスチックなども加わり、よりさまざまな感触が楽しめる。子どもたちが自分で片づけができるよう、すべて見せる収納に。

宮里先生より

色づかいがポイント

遊具・おもちゃの色は、気をつけないとゴチャゴチャした印象になってしまいます。同系色にする、パステル調でそろえるなど気を配って。環境の美しさに対して、細心の注意を払いたいですね。

楽しくおままごとができる

１歳児より道具が増えたキッチンセット。コンロには鍋、まな板、塩コショウ、食器などと、電話機までもが！　より現実の生活に近づけることで、子どもたちが思い思いの活動に取り組む。

「見たて遊び」や「ごっこ遊び」で想像力をふくらませる

言葉が急激に増えて、自己表現の幅が広がる2歳児では、会話をしながら行う「見たて遊び」や「ごっこ遊び」が始まります。

保育室には、子どもがやりたいと思ったときにすぐに始められるよう、いろいろな遊びの道具がそろえられています。木製のシンクやコンロ、電話などの家庭にあるような道具は、1歳児のものより現実的になっています。毛糸のブロッコリーやフェルトのニンジン、ロープのパスタといった素材も用意され、想像力をかき立て、日常の生活を再現した見たてができるようになっています。素材は、低年齢の時期には木や布など、温かく手触りがよい感触で、触感に訴えるものを選んでいるといいます。

これらの遊びには、見たて遊びをしながら徐々にスプーンの使い方やボタンの掛けはずしなど、手指の発達に従って遊びながら生活習慣をうまく取り入れられるような工夫があります。コップやボウルなどは戸棚についている絵の場所に戻すことで、自然と片づけを身につけられるのもそのひとつ。

ひとりでじっくり遊ぶことも大切な時期。落ち着いて遊べる環境にします。友だちとの関わりも楽しめるように、保育者が声をかけたり、一緒に遊んだりと仲立ちをして「友だちと一緒がうれしい！」という気持ちを育んでいきます。

手触りやさしい手作りおもちゃ

（右上）同じマークを並べたり、左上にある箱に入れると出てくる様子を楽しんだり、アイデア次第でいろいろな遊び方ができる積み木。

（左上）チェーンリングのごはんにフェルトのニンジン、毛糸のブロッコリーなど、子どもたちのアイデアで生まれたごはん。左はお手玉＋フェルトのおにぎり。

（右下）棚の収納場所には、絵のラベルが貼ってあり、片づけの手助けになる。あきペットボトルに、色水やビー玉を入れた手作りおもちゃは、音や中身の動きを楽しんだり、飲み物に見たてて並べる。ふたは接着剤で留め、ビニールテープで巻いてあかないようにし、ゆるまないよう常に保育者が点検している。

（左下）ボタンをつなげていくと、いろいろな形を作ることができる、着脱や手指の運動に役立つおもちゃ。

3歳児の環境

周囲への関心や興味が強くなる時期です。さまざまな経験から感受性を育み、友だちと関わる楽しさも味わえるようにしていきます。

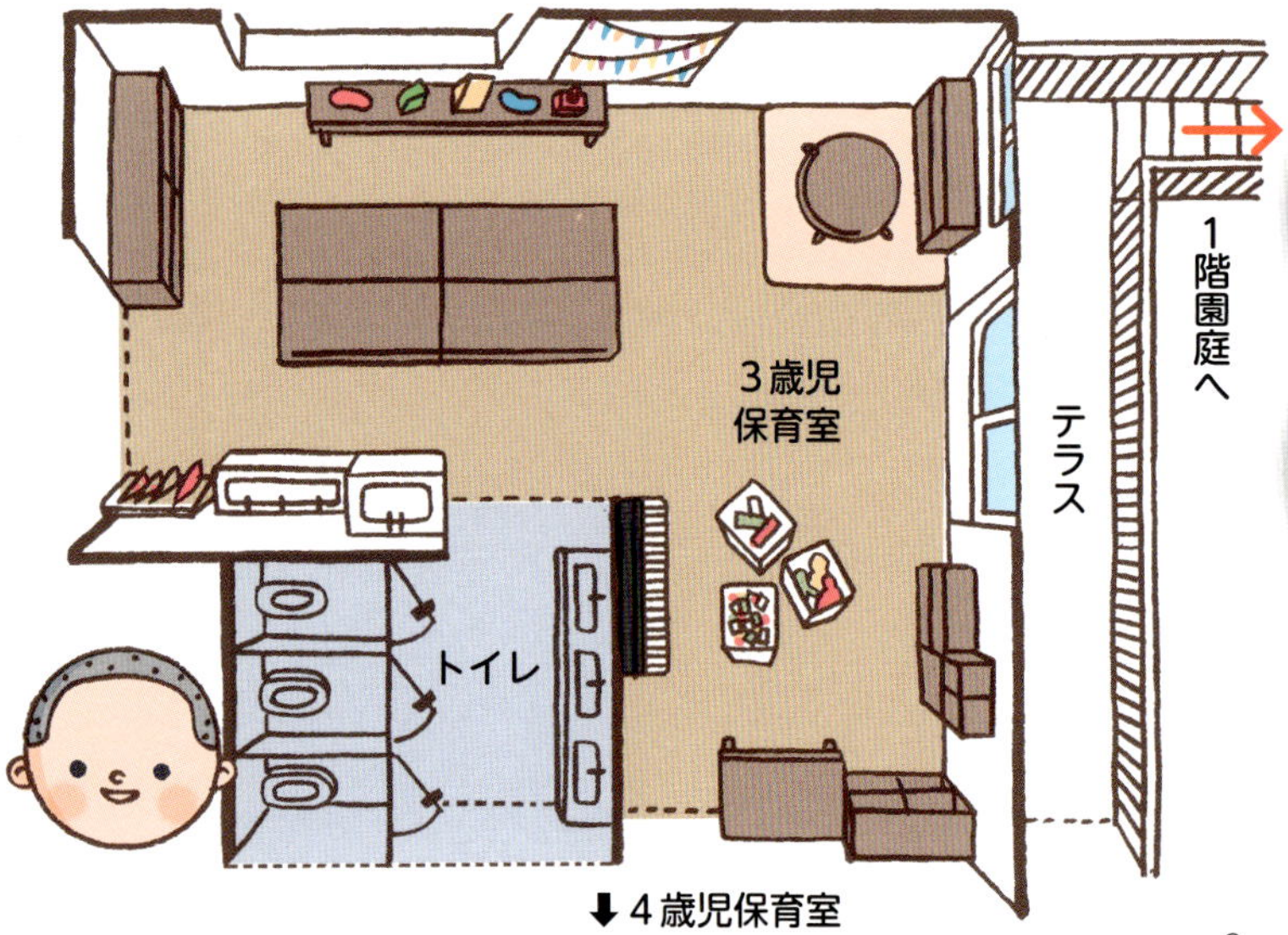

3・4・5歳がひとつになった大きな部屋が可動式の棚などによって仕切られ、同じ空間にいながらも独立性が保たれた3歳児の保育室。

2階の保育室は 自らの〝成長の証し〟

3歳児になると、子どもたちの生活の場は1階から2階へと移ります。3歳児以上の「お兄ちゃん・お姉ちゃん」たちが階段を上がっていく姿を見ていた子どもたちにとって、階上は憧れの場所。初めて2階に向かうときには、緊張して階段の前で立ち止まってしまう子もいるほどです。

保育室は、コの字形の大きな空間を1階と同じように棚やついたてで仕切って、3・4・5歳児の3つのスペースに分けています。それぞれのスペースに出入口があり、ほかからは見えないちょっとした部分があることで、独立性もありますが、棚の向こうにはいつも4・5歳児たちの姿が見え、子どもたちの新たな目標となっています。こうした環境の中で、身近なものに興味をもちながら、子どもたちは少しずつ自分の世界を広げていきます。

また、個人差はありますが、少しずつひらがなや数に興味をもち始める時期なので、保育室内でも掲示物に文字を取り入れて、文字に出合えるようにしています。洗面台の壁に貼った、手洗いの正しい手順を描いたポスターもそのひとつです。文字とイラスト、両方があることで、イラストを見ながら手洗いの基本を覚えることができ、文字に対する興味も生まれます。

自分の名前ならわかるよ！

荷物は、ひらがなで自分の「名前」が貼ってある棚へ。まだ文字が読めない子も、自分の名前は文字の形でわかるようになってくる。

板段ボールで即席掲示板

板段ボールで作ったパネルに、子どもたちが描いた絵を並べて飾りつけ。壁に直接貼らず、洗濯ばさみを使うことで、壁も汚れず簡単に張り替えができる。

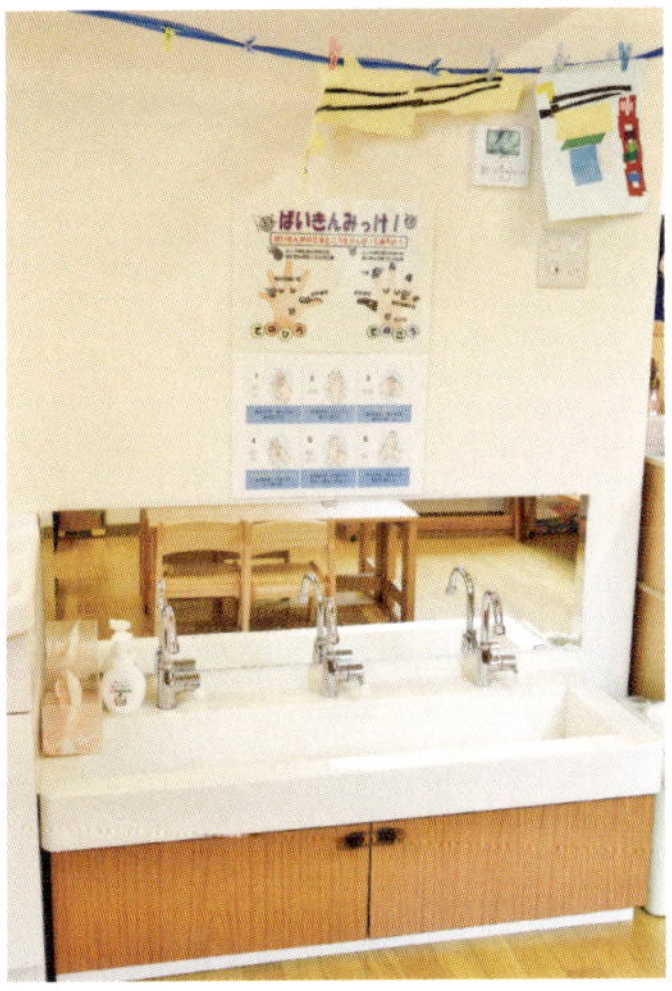

イラストと一緒に手洗いの注意

看護師から保健指導を受けた内容を掲示する。子どもたちはイラストを見て確かめながら行う。

子どもの発達に合わせた遊び道具を用意する

3歳児は、自分でできることも増えてきたので、何でも自分でやりたがります。大人や年上の子どもの活動を見て、自分でもやってみようとまねを始める姿も見られます。

こうした発達に合わせ、保育室での遊び方も変わります。

1階の保育室には、「ひとり遊び」や「平行遊び」ができるよう、小さなおもちゃが複数並んでいましたが、3歳児の保育室にはやわらかなクッション素材の積み木や、舞台にもなる大きな台が置かれていました。ひとりで動かすには、ちょっと大変な大きさです。

それぞれ自分のやりたい遊びに取り組んでいた子どもたちが、積み木や台を一緒に動かしたりして「場」をつくることで、「一緒にやった」という気持ちをもつようになります。友だちという意識がなんとなくわかってくるようになります。場をつくることができる積み木などがあることの意味はそこにあります。

友だちと一緒に場をつくった子を見て、別の子もまねをし始め、輪が広がっていきます。

また、この時期は、身近な友だちにも関心が向かうようになります。一緒でうれしいと思う体験を重ねたり、みんなで過ごす時間を大切にしたりなどの援助が必要です。

みんなそろって給食の時間

2歳児よりも1テーブルの人数が増え、保育者の介助なしでも給食を食べられるようになる。スプーンやフォークの使い方も上手に。

ポスターを見ながら正しく手洗い

保育者がポスターを読みながら一緒に手洗いを行うことで、正しい手洗い法が身につくと同時に、文字への関心も高まる。

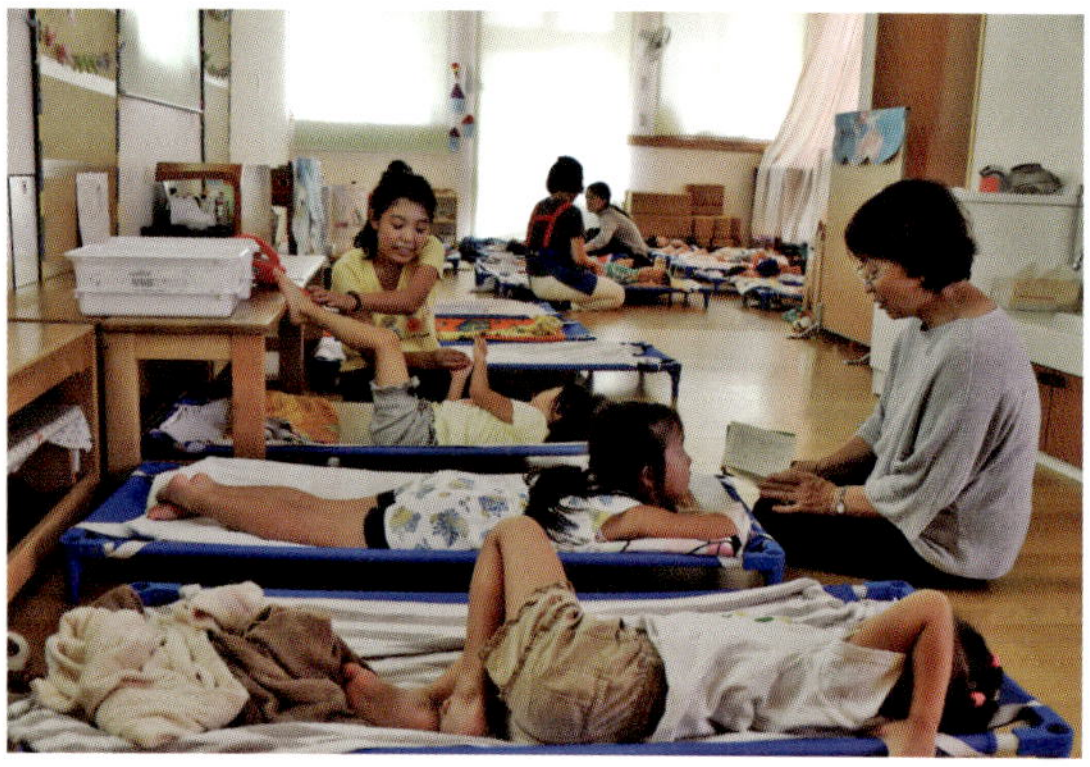

午睡前の読みきかせが楽しみ

3歳児の午睡コーナーでは3歳児だけでなく、4・5歳児で午睡が必要な子も利用する。寝つくまでに個別で読みきかせをすることも。

中型ソフト積み木や台で、室内でも体を使った遊び

舞台にもなる台や中型ソフト積み木を置いて、場をつくって遊べるように。雨の日でも室内で体を動かすことができる。

ひとつのテーブルで、それぞれの作業

（上）「こういうのが作りたい」という子どもの声を聞き、「こうしたらどうかな？」と少しだけ手を貸してアドバイス。

（下）「塗りたい」「作りたい」という気持ちから、だんだんと細かな手作業もできるようになる。

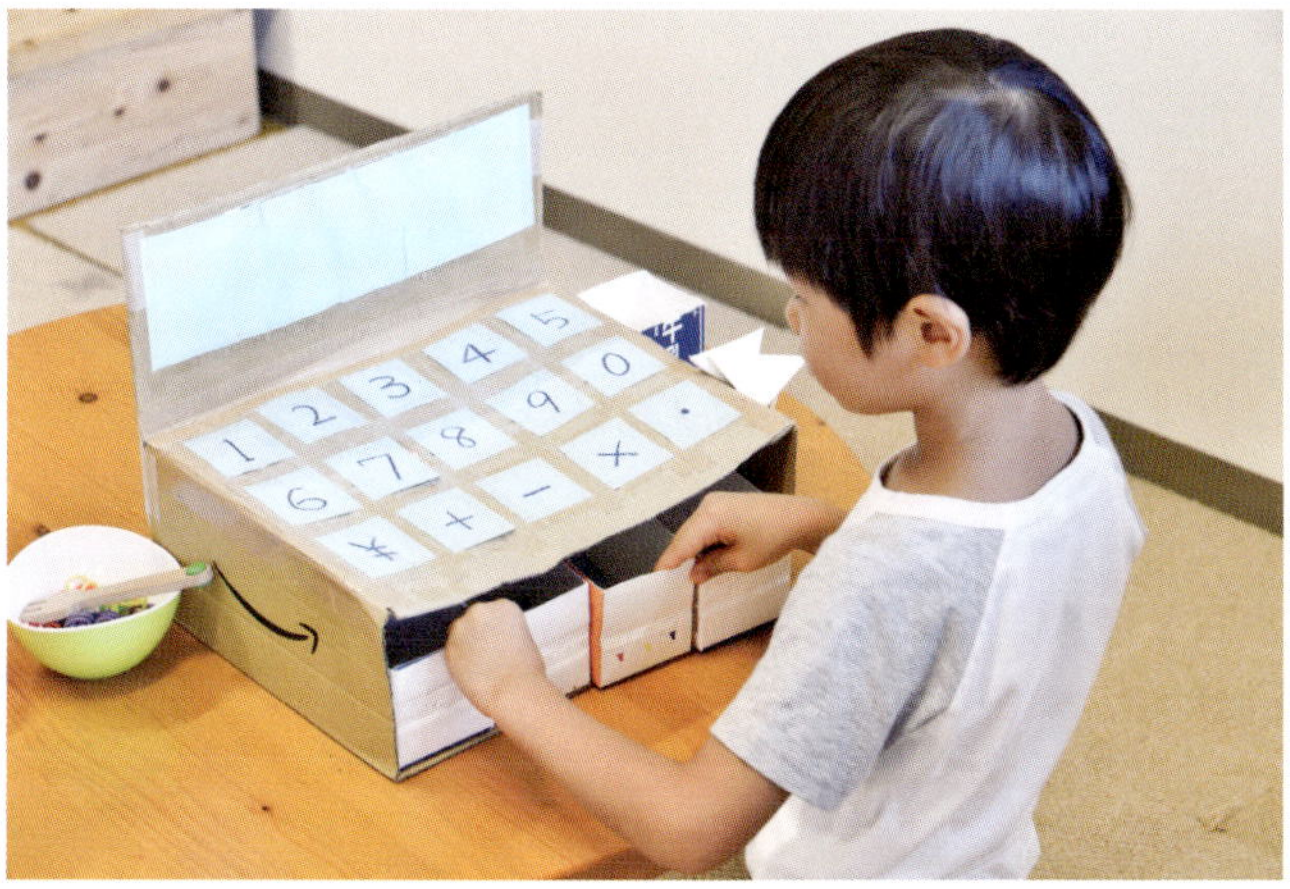

リアルなレジでお店屋さん遊び

「お店屋さんごっこのレジが欲しい」という子どもたちの希望で、保育者が作ったレジ。ときには行列も！　数に興味をもつきっかけにもなる。

4歳児の環境

いろいろな道具を使い、
細かな作業など、ますます自分で
できることが増える時期です。
遊びながら基本的な生活習慣を
身につける環境づくりを行います。

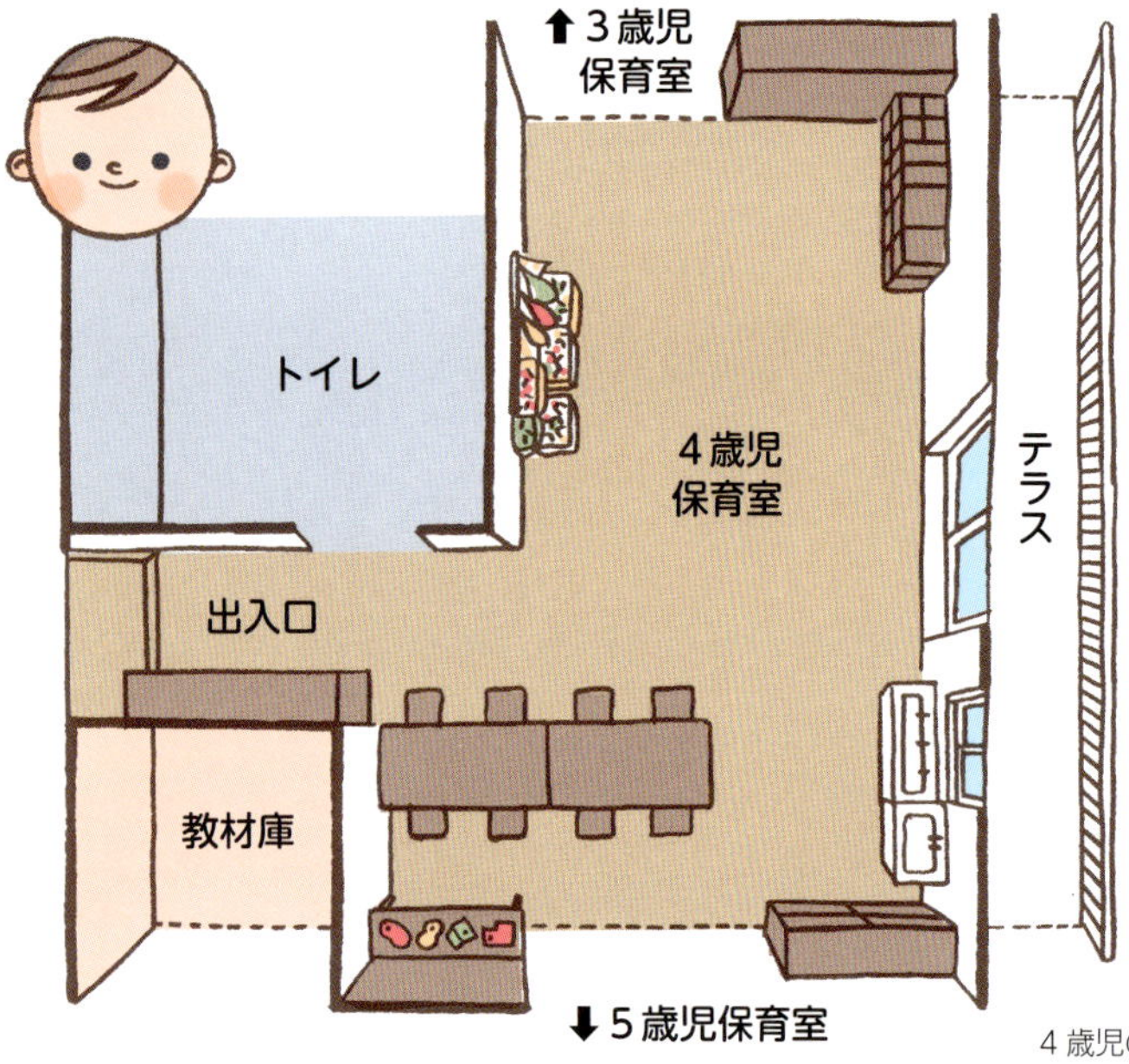

4歳児の保育室は、3歳児と5歳児のスペースにはさまれた中央の空間。それぞれのスペースとの間には通路があり、どちらにも見通しがきくようになっている。

遊びや生活を自分たちで つくり始める4歳児

手指を使う遊びも巧みになり、友だちの思いにも気づいて周りを意識するようになるなど、人との関わりが広がってくる4歳児。

身体面でも大きく成長して体のバランスがとれてくるため、給食の時間などのいすの移動もこなせるようになります。テーブルの準備を行い、手洗いを終えて席に着く姿にも、余裕が感じられました。

4歳児の保育室は、2階の中央部にあたり、両端で3歳児と5歳児の保育室につながっているため、自然と両方のクラスの様子がわかるようになっています。テーブルセッティングから配膳までを自分たちでこなす5歳児に憧れつつ、3歳児とも親しく関わるなど、発達度合いも中ほどの4歳児が真ん中にいることで、それぞれの年齢の子どもたちとのスムーズな異年齢交流が図られています。

また、保育室の前の廊下に設けられた「生きものコーナー」では、水槽で小さな魚や虫を育て、子どもたちが生きものとふれあう機会がつくられています。散歩の途中で見つけたバッタも、下の棚に用意した図鑑を開いて正しい名前や飼い方を調べ、身近な生きものへの関心が深まるきっかけに。こうしてこのコーナーは、自然と2階の子どもたちみんなが集まる多目的スペースとなっています。

時間帯で変わる保育室の風景

（上）入れ子式のテーブルは、使わないときは保育室を広く使えるようになっている。（中・下）食事のときは自分たちでテーブルやいすを出し、セッティング。給食が終わったら再びいすを片づけて、元通りに。

保育室の前の廊下が交流の場に

4歳児と5歳児の保育室の前にある生きものコーナーは、身近な生きものへの関心を深め、異年齢の子どもたちが集う交流の場となっている。

宮里先生より

テーブルといすの収納

スペースが限られた保育室では、場所をとるテーブルといすをどのように収納するのかが知恵のしぼりどころ。入れ子式のテーブルは、そんな考えから、オリジナルで作りました。

一回だけの〝点〟で終わらず、連続性のある体験を

「子どもたちの〝やりたい気持ち〟は、素材・道具・仲間・自然をきっかけに引き起こされる」と宮里先生は話します。

例えば、秋にお散歩の途中で拾ってきた長いツルクサ。保育者がクルクルと巻いて作ってみせると、子どもたちもそれをまねて、自分の身長より長いツルクサと格闘しながら王冠を作り始めました。保育室に飾った王冠は、数週間もすると乾燥して色も変わり、固く茶色いリースのように。ドングリやマツボックリ、ドライフラワーなどを飾りつければ、立派なクリスマスリースの完成です。ひとつの素材に何度も手を加え、その変化を楽しみながらさらに新しいものを作り出す、貴重な経験ができました。

また、園では、ときおり専門家を招いて、子どもたちがいろいろな体験をする機会をつくっているそうです。アートの専門家と一緒に木の枝にいろいろな色の毛糸を巻きつけた作品の製作を体験。毛糸の藍染めも体験し、毛糸に興味をもっていた子どもたちは、繰り返し取り組み、素敵な作品を作ったそう。

ひとつの体験を〝点〟で終わらせるのではなく、点と点をつないだ体験になっていくよう、保育者たちは、子どもたちの様子を見ながら、日々構想を練っているようです。

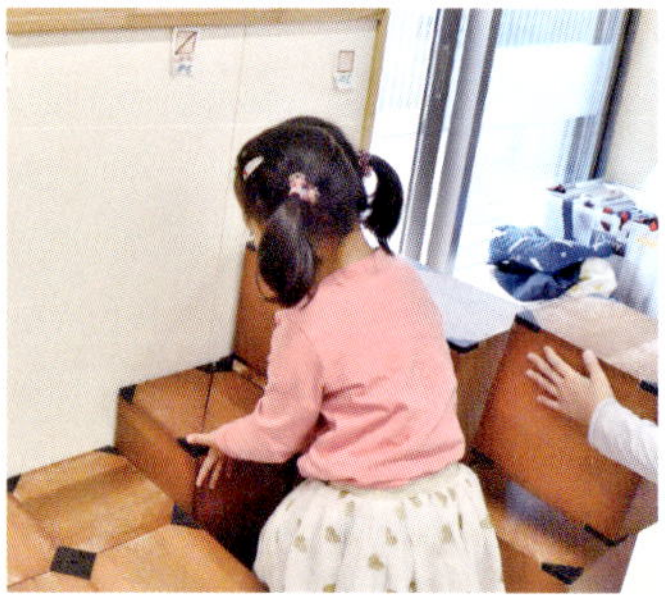

中型積み木も定位置に片づける

ごっこ遊びに欠かせない中型積み木は、壁に貼られた形に合わせて、自分たちで片づける。

小物の整理にもひと工夫

（上）壁に木枠をかけ、収納に使っている。カラービニールの袋や衣装は、S字フックやハンガーですぐ使えるように。S字フックでネットをかけ、ままごと道具や小物を入れる。（下右）小さな材料や道具はワゴンに収納して、移動しやすく。（下左）はさみは、空き箱に穴をあけてひとつずつ定位置を作って整理。

自然を身近に感じさせる窓辺

子どもたちが散歩で拾ってきたものは、窓際に飾っていつでも自然を感じられるようにしている。

宮里先生より

アジサイのドライフラワー

アジサイのドライフラワーはとてもきれい！　冬のクリスマスリース作りでは、アジサイの花（ガク）の部分を接着剤でリースにつけると、雪のように見える効果があります。

散歩で見つけたツルクサを王冠に

散歩の途中で見つけた長いツルクサを保育者と一緒にクルクル巻いたら、王冠に変身！

段ボールを活用して作品を展示

子どもたちの作品は、壁に直接貼らず、まとめて板段ボールに。簡単に貼れて、壁も汚さないアイデア。

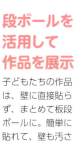

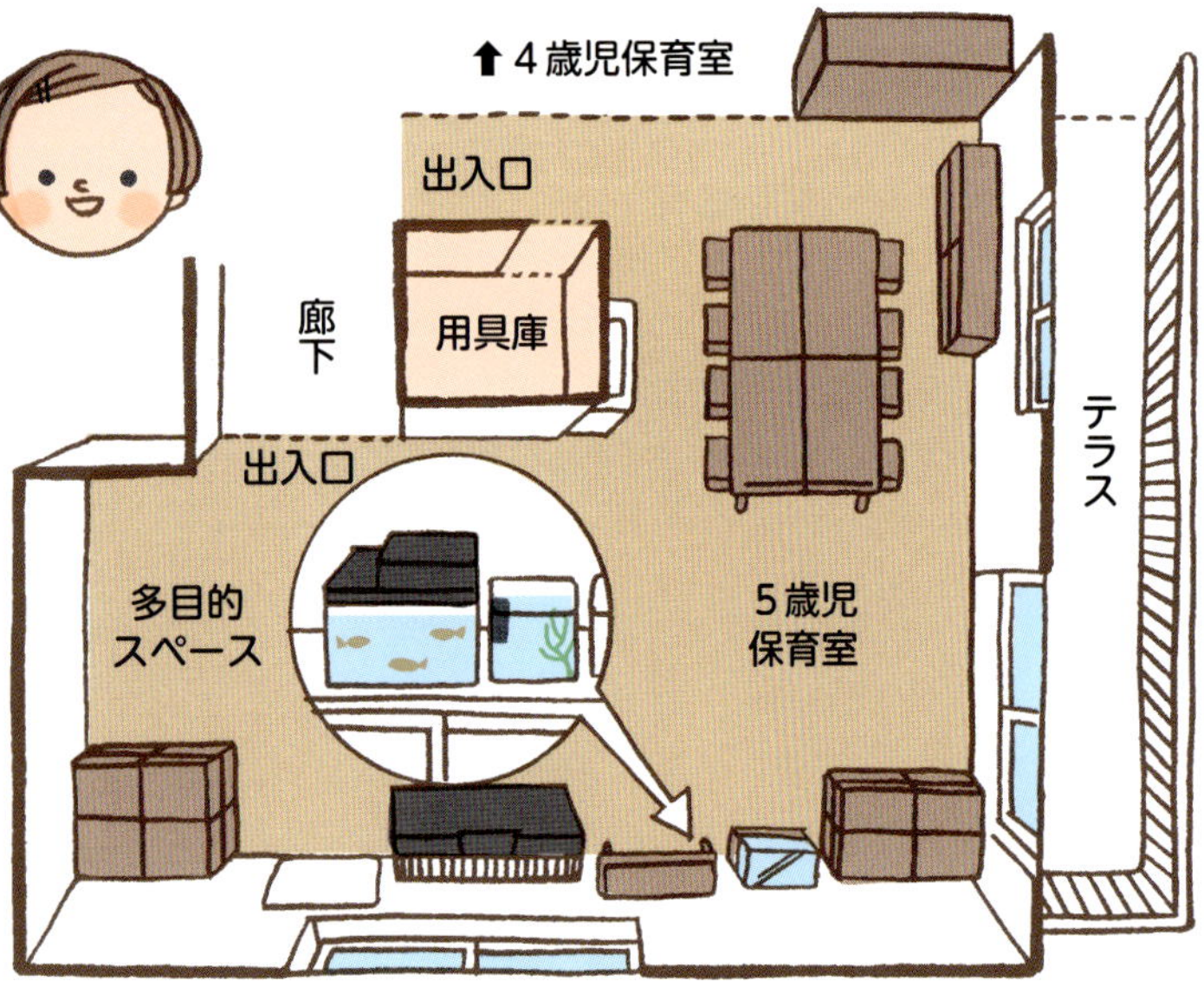

5歳児の環境

自分の思いを表し、友だちと遊びをつくり出すようになる時期。自分の役割を認識しながら、友だちとの協同作業を楽しめるような環境を考えます。

5歳児の保育室横の多目的スペース。
思い思いの活動をする。

自分たちで生活や遊びをつくり出す5歳児

基本的な生活習慣も身につき、少しずつ社会のルールやマナーを理解し始めた5歳児。運動会などの催しでは、役割を担うことも多くなり、最年長組としての自覚や自信が生まれています。

給食の時間は、テーブルやいすをみんなでセッティングしてグループになり、手洗いや配膳などもてきぱきとこなして「いただきます」。もちろん、あと片づけも自分たちで行います。

就学を控え、文字や数字の読み書きにも興味をもつ秋から、保育室の壁にも時計やお知らせを掲示して、数や文字に親しむ環境づくりを行っています。毎日の生活や行事の中に、お知らせを読む、貼り紙を自分で書くなど、子どもたちが自分で文字を読み書きできる機会を、必要に応じて取り入れています。子どもたちの「やりたい」をここでも応援しています。

5歳児は、園内のさまざまな場所を自分の場所として活動していきます。友だちと大がかりなごっこ遊びを始めたり、絵本のコーナーでじっくり本を読んだり、製作コーナーで時間をかけてイメージ豊かな作品を作ったりなど、さまざまに遊びます。友だちと協同する体験と個のテーマにじっくり向き合う体験を重ねる中で、就学へと向かう力が育っていくのです。

こどもまつりで大活躍！

7月、5歳児の子どもたちが「こどもまつり」を開催。自分たちで貼り紙を書き、お店やショーを工夫してつくり上げた。

雰囲気づくりは場づくりから思いを出し合い楽しさが広がる

「お祭りだったらやっぱり○○○」とそれぞれにやりたいことを出し合うことから始めて、仲間が集まり準備を進める。お店らしく、舞台らしく、手品師らしく。「らしさ」を追求するためのアイデアを出し合って。

遊びの中でそれぞれに成長していく子どもたち

子どもたちは思い思いに自分の「やりたいこと」を見つけ、遊びの時間を過ごします。数人で遊ぶ子、黙々と絵を描く子……していることはそれぞれですが、どの子もいきいきと、満足そうな表情です。

秋になると「ごっこ遊び」も進化して、自身の体験や記憶などを反映した細かな状況設定ができるようになります。

この日は、大きな積み木を使って、夏休みに家族で訪れたホテルのフロントの様子を再現している子どもがいました。友だちと一緒にそれぞれの役割を楽しみながら、よりリアルさを追求するようになるのも秋頃の特徴です。

一方には、友だちと夢中になってブロックで遊ぶ子どもの姿があります。大作になると友だちと相談したり、いろいろなアイデアを出し合ったりすることで、仲間と一緒に活動する楽しさや達成感を味わっています。

園庭でとれた野菜を写生していた子どもたちもいました。仲間と一緒に遊びながら、ナスやピーマンの絵の横に文字を添え、遊びながら文字を書くことで自然と文字に親しむなど、子どもたちはそれぞれの遊びの中で、さまざまな成長を遂げています。

思い思いの遊びに熱中

友だちと協力してブロックを作ったり、野菜の絵を描いたり、好きなものを製作したりと、自主的にやりたい遊びをする５歳児。

何を作ろうかな

大型積み木で無限に広がる見たて遊び

ひとりで「何を作ろうかな？」と考えていた５歳児。「お店屋さん」を作成中。さらに別の子どもが来て「ホテルのフロント」になったあと、潜って遊ぶトンネルに。無限の想像力を引き出していく。

収穫した野菜を絵手紙風に

自分たちで育てたピーマンや大学内にある野菜を観察しながら、小さな紙に絵と文字を書いて絵手紙風に。食べるだけでなく、こうした自然とのふれあいも食育のひとつ。

ブロックの超大作続々誕生！

それぞれの場所でブロック作品を作る４・５歳児たち。遊び込む中で常に新しい作品が生まれる。

屋外で自然とふれあう

身近な自然の中に入り込んだり、ふれたりすることで、子どもたちはさまざまなことを感じ取ります。

白い石見つけた！　手に持った石を打ち合わせると、カチカチと音がすることを発見。0・1歳児も、小さな自然とふれあっていく。

自然の中で思いきり体を動かす爽快感！　グルグル回りの順番を待つ子にも笑顔がこぼれる。

室内では体験できない五感を揺さぶる刺激

お茶の水女子大学のキャンパス内にある園では、積極的に構内の緑地に散歩に出かけ、子どもたちが自然とふれあう機会をつくっています。なかでも大学本館の中庭は、0～2歳児のお気に入りの場所。途中、ちょっと急な坂がありますが、手すりにつかまり一歩ずつ慎重に進むことも、子どもたちにとっては楽しい体験です。道端に咲いた花や草むらを飛び跳ねる虫に目を奪われたり、季節による木々の変化を感じたり……。室内では体験することのできない自然の匂い、質感、感触にふれて、五感を刺激します。

そうやってたどり着いた中庭で、子どもたちに大人気なのが、通称「レモンの木」と呼ばれる柑橘類、実のなる観賞用の木です。実は食べられませんが、ブンタンほどの大きさの実からは、レモンのようなとてもよい香りがします。子どもたちはこの実を、両手で持ってずっしりとした重さを感じたり、皮をむいて香りを楽しんだりして大はしゃぎでした。

また、奥にあるスロープでは、はいはいで登ったり、駆け降りる、登るを楽しんだりと、保育者も驚くような遊びが次々と生まれています。子どもたちの自由な発想が、環境と結びついてひとつの「実」となった、好例です。

0・1・2歳

みんなで並んで出発！

急な坂道では、転ばないように手すりにつかまって歩く。子どもたちにとっては、この緊張感すら楽しい時間。

アリさん発見！

子どもは生きものが大好き。中庭で発見したアリを、ふたりで観察。

0歳児もバギーで出かけ、シートを敷いてピクニック風に。日光や風を感じ、緑を見て自然とふれあう。1・2歳児とも交流が。

途中の道にも発見がいっぱい

ひとりの子がドングリを発見すると、次々に続く子どもたち。お散歩の途中でも、安全な場所なら道草をして子どもたちの小さな発見を一緒に楽しむ。

保育者が、たわわに実った「レモン」の実をとる様子を真剣な面持ちで見つめる子どもたち。

転がる「レモン」を追いかけて

①子どもたちが発見した「レモン」転がし。人がいないとき、車いす用のゆるやかなスロープの上に立って、「レモン」を落とすと……。

②転がる「レモン」を追いかけるうちにひとりが転んでしまった。

③もうひとりも……。多少危なくても、子どもたちの自発的な動きを見守ることが大切。

④子どもたちも、すぐに立ち上がって元気に走り出した。

「レモン」の中はどんなかな？

（上）好奇心いっぱいで保育者に皮をむいてもらうと、中から甘酸っぱい香りが立ちこめた。

（下）皮をむいてもらったらいい匂いがしたので、もっとむこうと奮闘中。

宮里先生より

複雑な転がり方に気づいた子どもたち

大きな実の表面がデコボコしていたので、転がり方がとても複雑。子どもたちはそのことに気づいて大喜び。目のつけどころがすぐれています。

自分もゴロゴロ転がり遊び

「レモン」転がしのあと、スロープを使って自分も転がる遊びが流行。子どもたちが自分で生み出した遊び。

園庭でも思い思いに

園庭でも自由な子どもたち。保育者も、全員が目の届くところにいることを確認しながら、一緒に外遊び。

宮里先生より

出先と園をつなぐもの

園では、大学内の緑地を園庭にしているだけでなく、近くの公園に出かけることもあります。移動する時間も大事な体験の時間。子どもたちは歩きながら見つけたもの、聞こえてきたことに敏感に反応します。植え込みの中に入り込み、匂いを嗅いだり感触を味わったり、安全に気をつけながら、ゆっくりした時間を大切にしましょう。出先で見つけたものを園内に飾ると、その場所と園がつながるようになります。

みんなで一緒にかくれんぼ

子どもにとっては、どんな場所も遊びの場。手洗い場の狭い空間に、みんなで隠れてかくれんぼ。

わたしの宝物、見せてあげる！

子どもたちには、いろいろなものが宝物に。大事な宝物を見せてくれたときには、「いいね」「見つけたのね」と笑顔で受け止める。（左）うれしそうに保育者のもとにやってきた子どもの手には、散歩で拾った赤い実が。（中）「赤い葉っぱが落ちてたよ」と見せに来る子ども。（右）「むいたらどうなるのかな？」と言葉をかけ、好奇心につなげる。

3•4•5歳

持ち帰る木の実は専用バッグに

牛乳パックやあき箱にひもを通したバッグを持参して、木の実集め。大きな箱は、散歩に出る直前に「これがいい」と言い出したもの。子どもたちが靴をはいている合間に、保育者が急いでひもを通し、みんなと同じようなバッグに仕上げた。

いざ出発！

坂道を降りるときは一列が基本。

これな～に？ つついてみよう

散歩途中に見つけた、得体の知れない物体。気になるけれど、直接触るのはちょっと怖い。どこからか拾ってきた木の枝で、つついて確認してみる。

バッタを捕まえたよ

広場でバッタを発見。用意してきた虫かごに入れて持ち帰り、みんなで観察。

大きな広場で駆け回る

この日の目的地は、キャンパス内の広場。思いきり駆け回ったり、虫や花を探したり。広場の自然を満喫。

疲れたらベンチでひと休み

走り回ったあとは、ベンチで横になってひと休み。お日さまもポカポカと暖かく、こんなところにも自然を感じることができる。

園庭での遊びと散歩、ふたつの自然との関わり方

大学の広い構内には、子どもたちが自然の中で遊べるスペースがあちこちにあります。3〜5歳児は季節に応じていろいろな場に出かけます。自動車が入る道では、道路端で止まり、車が通り過ぎるのを待ちます。こうして安全に過ごす仕方を身につけます。

通称「はらっぱ」と呼ばれる広場で、子どもたちは鬼ごっこやかくれんぼをしながら思いきり走り回り、草花や木の実を集めたり、虫を探して地面をのぞき込んだりと、思い思いの方法で自然を楽しみます。

大学グラウンド横の土手では、急な斜面を登ることに夢中（P.44）。何度も挑戦しながらなかなか登れない子に、手を差し伸べる子がいたり、ツルクサを見つけて、うまくとれずに苦戦している友だちのために、応援を呼んでみんなで引っ張ったり。遊びの中でみんなで協力し、目的を達成したときの充実感は、子どもにとっては新鮮でうれしい体験です。保育者は、遊びをよく把握し、安全に留意しながら、できるだけ子どもたちに任せて見守ります。

そこには、同じ自然とのふれあいでも、あらかじめ危険を排除し、子どもたちの遊びを充実させるためにいろいろな道具を用意した園庭の遊びとはまったく違う、もうひとつの自然との関わり方があります。

広場には、小さな自然がいっぱい

広場のあちこちに咲く、小さな花や実。子どもたちは、植物の多様性や季節による変化を見て、自然の奥深さを学んでいく。

自然は素材の宝庫

いろいろな顔を描いた落葉やドングリを集めていた子は、保育者にドングリをたくさん集めたことをほめられ、ちょっと恥ずかしそう。

広場に山ができた

大学内の工事に伴い、残土が手に入った。広場に夢のような土山が出現！子どもたちは大喜び。さっそく頂上へ。

葉っぱのお皿にのせて…

いい匂いのするヨモギの葉っぱをちぎって、別の葉っぱにのせた。ままごと遊びに使えそう。

先生のリュックに入れてね

広場や散歩の途中で見つけた植物は、保育者も持ち帰り、製作の材料となる。

一番乗りはだ～れだ！？

グラウンド横の土手の急斜面は、子どもたちのチャレンジ精神を刺激する場所。今までダメでも今日は征服できるかも、と思って挑戦する。保育者は、ちょっと難しそうでも止めずに見守っている。

収穫物は種類別に整理

集めてきた木の実や葉っぱは、遊びの中で使えるように、子どもたちが種類別に分類する。

自然とアートのコラボ

（上）紙粘土で作ったオブジェに小枝やドングリを組み合わせて作品に。（下）ドングリや葉っぱなど、広場で拾ってきたものを絵に描いて、カードにして整理。

遊びの中のアート

小枝に毛糸を巻くアートは、以前園に招かれたアートの専門家が教えてくれたもの。さまざまな経験が、子どもたちの力となっている。

園庭での外遊びは準備万端

（左）夏季は大きな日よけを張って、熱中症予防。

（上）外遊びに必要な道具をそろえて、テラスにまとめて置いておく。ビニール手袋やボウル、泡立て器、プラスチックのおろし器など、リアルなキッチン用品がいっぱい。

おいしそうな色水ジュース

色水の素を水で溶かして、思い思いに配合し、自分だけの色を作る。遊びの道具をそろえておくことで、子どもが「面白そう」「ちょっとやってみようかな」という気になる。もちろんアサガオやペチュニアなどの花を摘んで、色水を作ることも。

奥が深い!?　泥だんご

（上）砂場で泥だんごを作って……といに転がしたら、途中で壊れてしまった。

（下）もっと硬い泥だんごを作るために、周りに砂をまぶしてみる。泥だんごには、いろいろな遊びや考えるヒントがつまっている。

小さなプランターでも栽培できる

ピーマンやナスは、プランターでも栽培可能で世話も簡単。意外なほど収穫できる野菜として、子どもたちの食育には欠かせない存在。

仲間とふれあう

園は、子どもたちが初めて家族から離れ、「仲間」と出会う場所。友だちと関わる遊びを重ねる中で子どもたちの成長を支えます。

子どもたちは園で、保育者や異年齢の子どもなど、さまざまな人とふれあい、社会性を身につけていく。

広場で思いきり走り回る。鬼ごっこの中でルールを守って遊ぶ楽しさを味わう。

発達とともに変化する対人関係に寄り添って

園という新しい世界で、子どもたちは「仲間」と出会い、社会性を育みます。

０・１歳児は、特定の大人との愛着から、人間関係の土台となる信頼関係を学ぶ時期。はいはいやひとり歩きができるようになると、ほかの子に興味をもって近寄ることもありますが、ものと関わり、自分らしいやり方でじっくり遊ぶことが大切です。

１・２歳児では、友だちと同じ場所でひとりずつ同じ遊びをする「平行遊び」が始まります。遊びごとに小さなコーナーを作り、ほかの子の存在を感じながら、自分のやりたいことに取り組めるようにします。園では友だちと関わる機会も多くありますが、おもちゃなどの取り合いなどからけんかになることも。子どもが気持ちをうまく表現できないときは、必要に応じて保育者が気持ちを代弁し、仲立ちします。

３歳児になると、一緒にいたい友だちができ、うれしさや、ときにぶつかり合って悲しさも味わいます。体験を重ね、みんなと一緒に遊ぶことが楽しいと感じるようになります。

４・５歳児になると、友だちと相談しながら遊びをつくり上げるなど、友だちと協同的に活動することの楽しさを経験し、仲間の一員としての自覚や自信が生まれます。

同じ場にいても遊びは別々

保護者や保育者など、親しい大人には愛着を示す０歳児。同じくらいの子どもに興味はもつものの、自分のやりたいことをする。それが大事な時期。同じ場所にいても別々に遊んでいる。

異年齢交流の機会をつくる

保育者と一緒に、異年齢の子どもとのふれあい。同じ遊びをしなくても、一緒の空間にいることで互いを感じている。

手をつないで散歩へ！

「一緒」がうれしくなってきた子どもたち。散歩でも友だちと手をつないで、リズムを合わせて歩く姿が出てきた。

いいもの見つけた……

それぞれに自分の大事なものを持っている。「自分のもの」が確かにそこにあるから、安心できる２歳児。

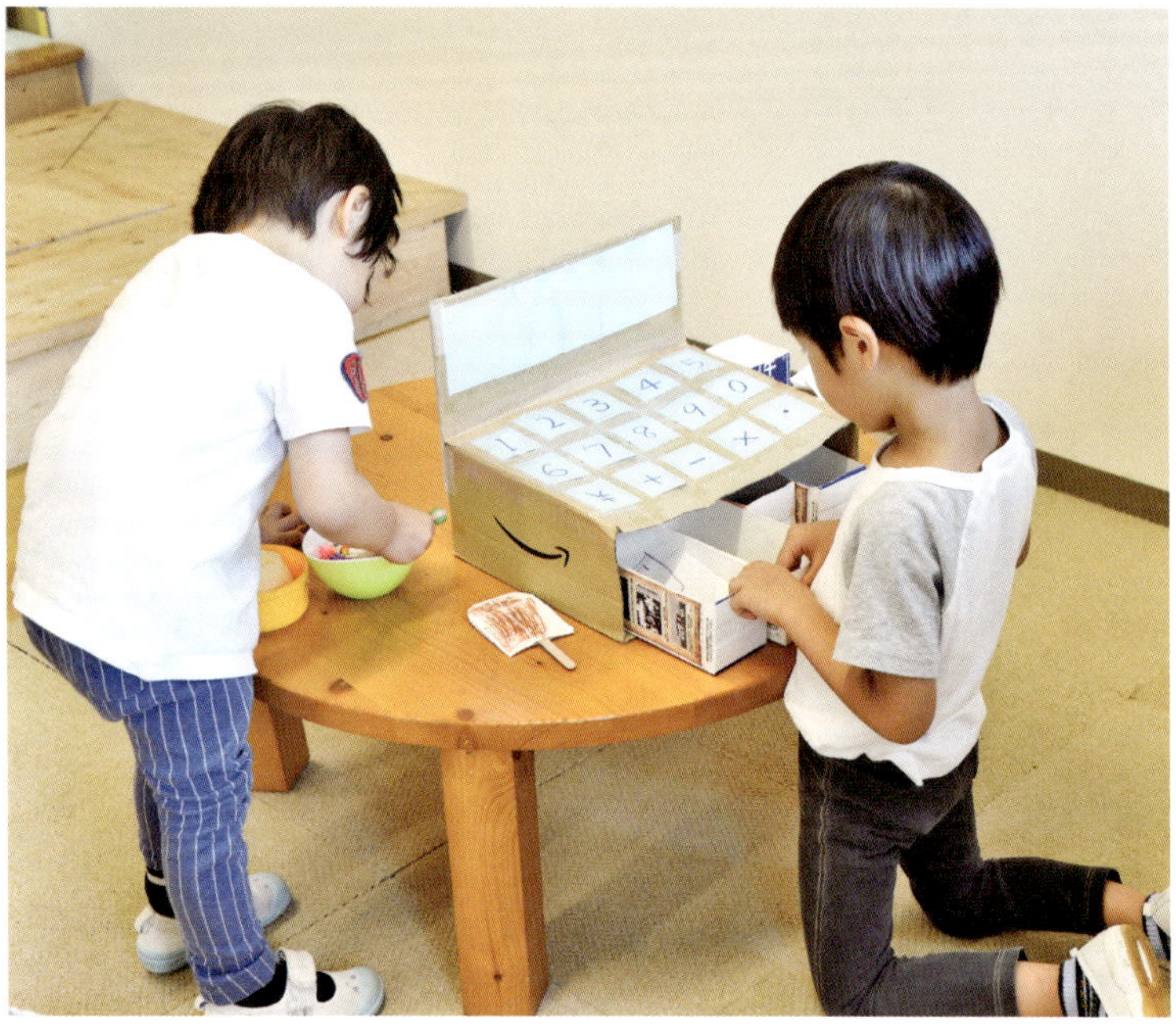

お店の人とお客さん

イメージがわく道具があると、遊びが始まる。店員さんとお客さんなどの役割をになって遊ぶきっかけにもなる。

「これ、ぼくのだよ」に気づくことが大切

1・2歳児は、まだ友だちよりおもちゃへの関心が強いため、ものの取り合いになることも。保育者が気づいて、「これで遊びたかったんだよね？」「今、使ってるんだよね？」と両方の気持ちを代弁する。

なにげない仕草にやさしさが……

思いに気づき、そっと手を差し伸べるなどの姿が見られる4歳児。一緒に実を集めたり、何かを見つけたりといった遊びの場面の中で、相手への思いが育っていく。

「これ何かな？」にみんなで関わる

しきりに「なぜ？」「どうして？」と質問する2歳児。

気の合う友だち

一緒にいてうれしい友だちができてくる。
同じものを持ったり、同じことをしたり。

一緒にやってみよう

遊びの中で、言葉による伝え合いが活発に行われている。「わたしもやりたい」「一緒にやろう」というように、自分の気持ちを言葉にしながら友だちと仲よく遊ぶことができる。

がんばって！ 手につかまって

4・5歳児は「ちょっと難しそうだけど、少しがんばればできそう」ということに挑戦するようになる時期。仲間を意識し、助け合う姿も。みんなで目的を達成しようとするようになる。

ふたりで超大作に挑戦

自分の興味があるものを、工夫を重ねながら作っていくようになる4・5歳児。友だちと相談しながら作品を作ることで、仲間と一緒に行うことの楽しさを経験する。

みんなで 助け合い

ひとりやふたりでは難しいことも、友だちが集まれば大丈夫。なかなか抜けないツルクサを引き抜こうと、友だちに助けを求め、みんなで協力してツルを引っ張る子どもたち。ツルを引っ張る子、かけ声をかける子、ツルの根元の状態を見に行く子など、しっかり役割分担も。

ものを作る
～道具・素材～

心身の発達とともに想像力もふくらんで、頭に浮かんだイメージを形にしていく子どもたち。その発想は、無限に広がっていきます。

あき箱やペーパー芯からイメージがふくらんで、いろいろなものが作りたくなる！

あき箱やストローなどの素材は、子どもたちの「何か作りたい」という気持ちを高め、製作へのきっかけとなる。子どもたちの手にかかれば、あっという間に姿を変える。

子どもたちの発達に合わせたサポートを

さまざまな素材にふれ、感触遊びを存分に楽しんだ乳児期を経て、3歳児くらいになると線や丸を意図的に描くようになります。はさみなどの道具を使って、簡単なものを作るようになるため、3歳児の保育室には紙やあき箱などを用意して、子どもたちが好きなときに製作に取り組めるようにしています。

4歳児は、色を塗ったり、絵を描いたりしながら、素材を使っていろいろなものを作り出します。ごっこ遊びに必要なものを考えて、自分から「〇〇が作りたい」と言い出したりするのもこの頃です。

そうした子どもの積極的な気持ちを逃さず、作ってみたい気持ちが満たされるように、教材庫には子どもたちが自分で材料を選び、作りたいものを作れるようなコーナーが用意されていました。

4歳児の場合は、必要なときに保育者に声をかけ、一緒に教材庫に入って、材料選びをします。5歳児になると、必要なときにはアドバイスもしますが、ひとりで自由に出入りして必要な材料を選び出し、すぐに製作にかかるようになります。2、3人も入ればいっぱいになる小さな教材庫ですが、できるだけいろいろな種類の材料を用意して、子どもたちの創造力を後押ししています。

宮里先生より

よいアイデアは取り込もう

お茶の水女子大学附属幼稚園（P.90）の実践に学んで作った教材庫です。ずっと狭いけれど、志は高いのです。

自分の好きなものを作って遊ぼう

はさみも使えるようになり、思い思いにもの作りをする3歳児。保育者は、子どもと一緒にはさみやのり、セロハンテープなどを使って道具の使い方を伝え、様子を見守る。

子どもたちの「やりたい」にすぐに応えられる教材庫

4・5歳児が入れ、多様な種類の素材が、細かく整理された教材庫。子どもたちの「やりたい」気持ちに応えるためにも、保護者の協力も得ながらできるだけいろいろな材料をそろえるようにしている。

子どもたちの作った作品は、飾っておく

自分の作った作品は、子どもにとっては自慢の宝物。保育室などに飾って、みんなが見られるようにしておく。子どもたちは、誇らしい気持ちとともにほかの子の作品にふれ、そこからまた新たなヒントを得ることも。

いろいろな素材を使って

カップのふちに色を塗って、何かを作っている４歳児。きっと頭の中には完成図が浮かんでいるはず。

ひとりでも大丈夫

はさみを使って細かい曲線やいろいろな素材のものを切れるようになり、のりやペンなど道具の使い方もしっかりマスターした５歳児は、ひとりでも作品作りに没頭。

わたしもアート作家!?

アートの専門家が紹介してくれた作品を思い出し、それをまねて小枝に毛糸を巻きつけている。記憶の中の作品を再現している４歳児。

何を作っているのかな？

お姫さまに憧れているのか、「何を作っているの？」と聞くと「ティアラだよ」。色とりどりにした割りばしがティアラに変身！

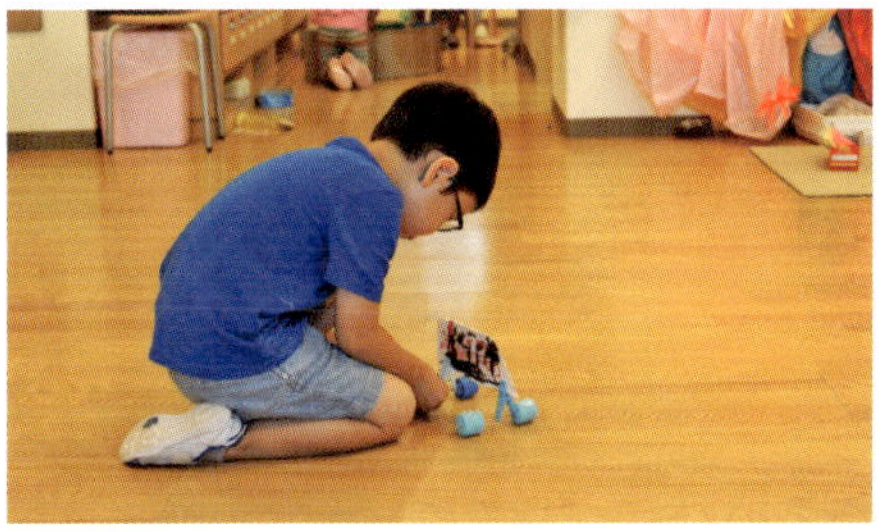

ひとりで挑戦

最初は車を作っていたけれど、完成したら、車が走れる坂道のコースも作りたくなった。保育者は、こつを伝えて、やりたい気持ちを支える。「完成！　坂道でも走れる車ができたよ！」とバランスを考え、自力で作り上げて大満足。

継続は力なり!?
好きなことをきわめる！

好きなことを続けることで、内容も徐々にグレードアップ。子どもの自主性に任せながら、保育者は時折声をかけて何を作っているのかを確認し、関心をもっていることを伝える。

自然の素材は豊かな製作の材料

はらっぱで見つけた草や花、実などの植物も、子どもの手にかかればもの作りの材料に。

生活の工夫

食事

みんなで一緒に食べる給食は、子どもたちに食の楽しさや大切さを教える「食育」でもあります。家庭との連携も大切です。

子どもの育ちに合わせた工夫と介助を

0歳児から5歳児までのこの時期は、ミルクから離乳食、幼児食へと大きく変化するだけでなく、発達とともに手づかみからスプーンやフォーク、はしなど、使える道具もひとつずつ増えていきます。一人ひとりの育ちを見きわめながら、食べやすい大きさや形態、食器などに配慮するとともに、子どもたちが食事どきのマナーなどの社会性も一緒に身につけられるように、介助していくことが大切です。

また、最近は食物アレルギーがある子も多く、保護者との連携をとりながら、事故が起こらないように調理や配膳にも注意をしています。

0歳児

おいし〜い!

手づかみ食べができるようになった0歳児の食卓。1、2名の子どもにひとりの保育者がついて見守っている。食事は手づかみしやすいようにひと口サイズやスティック状で用意。

1歳児

スプーンを使える子も

1歳児になると、スプーンを使って自分で食べようとする。発達には個人差があるので、一人ひとりの発達に合わせた援助で、みんなで楽しく食べることをサポートしていく。

1・2歳児

食への意欲を育むために

1・2歳児は1歳児保育室で、年齢ごとのテーブルに分かれて食事。食べ物がすくいやすいように工夫された、ふちに立ち上がりのある食器を使用。やさしい色合いの食器が食事のいろどりを引き立て、食への意欲を育む。

ひとりで食べられるよ

３歳児になると、ほぼひとりで食事ができるようになる。４、５人のグループに保育者も混ざり、一緒に食事をしながら様子を見守る。

配膳や片づけも自分たちで

４・５歳児は、給食を自分で取りに行き、みんながテーブルにそろってから一緒に食べ始める。こうして食事のマナーや社会性を身につけていく。

みんなで一緒に

４歳児になると、友だち同士でグループになって、みんなで一緒に「いただきます」。仲間同士の楽しい時間。

玄関に「今日の献立」

（上）行事があるたびに日本の食文化を知る機会として、行事食を提供している。写真はひな祭りと節分の行事食。

（左）迎えに来た保護者が、子どもたちが今日何を食べたのかわかるように、玄関先に今日の献立のサンプルをディスプレイ。

生活の工夫

排せつ

快・不快を泣いて知らせる０歳児の時期から、トイレのマナーを身につける時期まで、それぞれの発達に合わせてサポートします。

1~2歳児

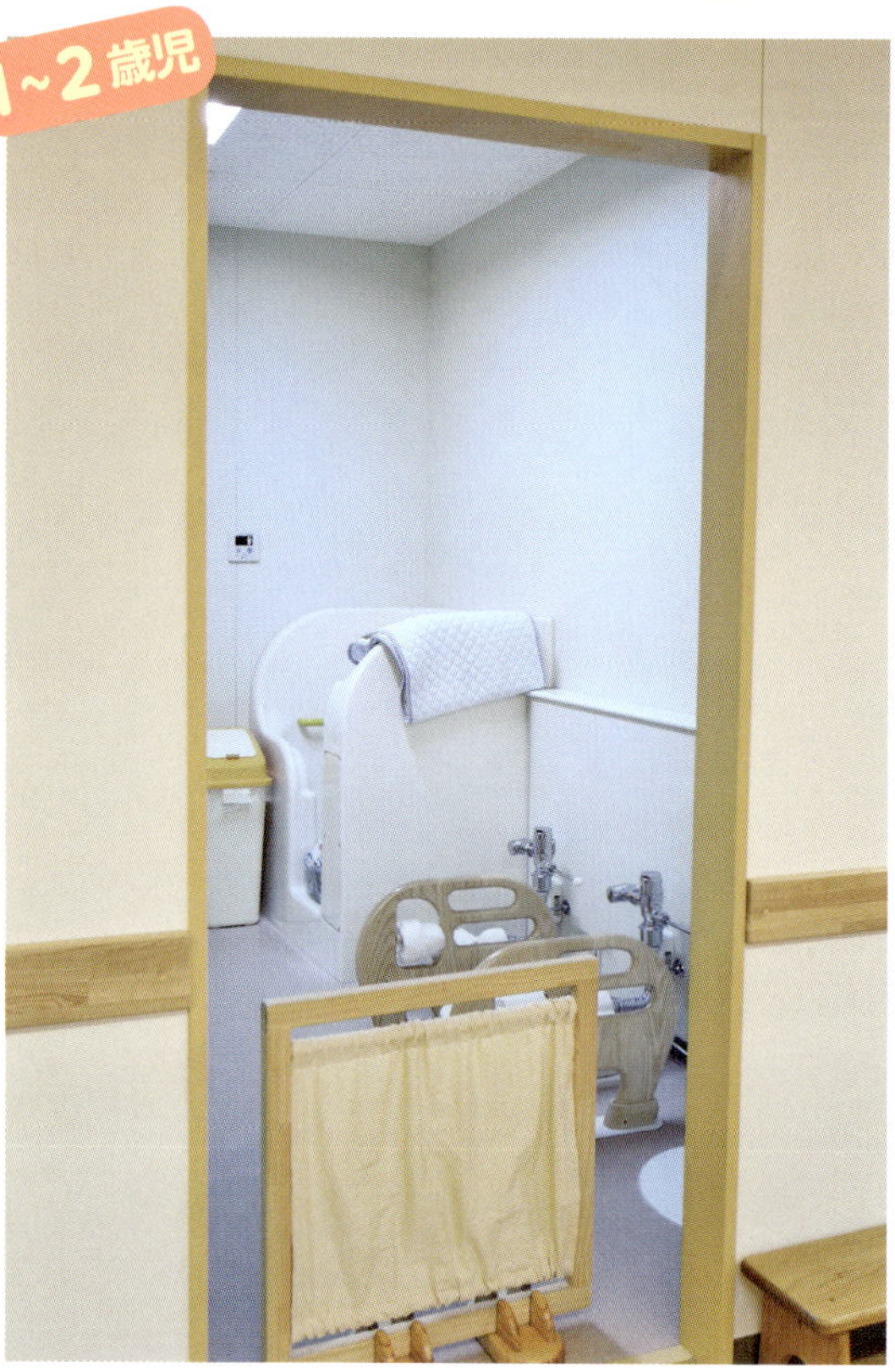

保育室横のトイレはフルオープン

保育室の横にあり、ドアがないオープンな１・２歳児用トイレ。中はついたてで仕切られたスペースになっていて、安心して排せつできるようになっている。

トイレ内に おむつを用意

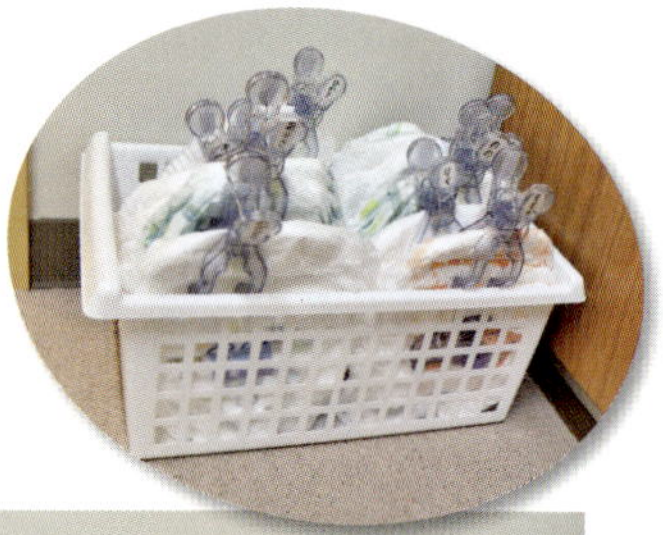

トイレ内に手洗いを設けて、排せつ→手洗いの流れをスムーズに習慣化。かごには、名前をかいたクリップではさんだおむつが準備されている。

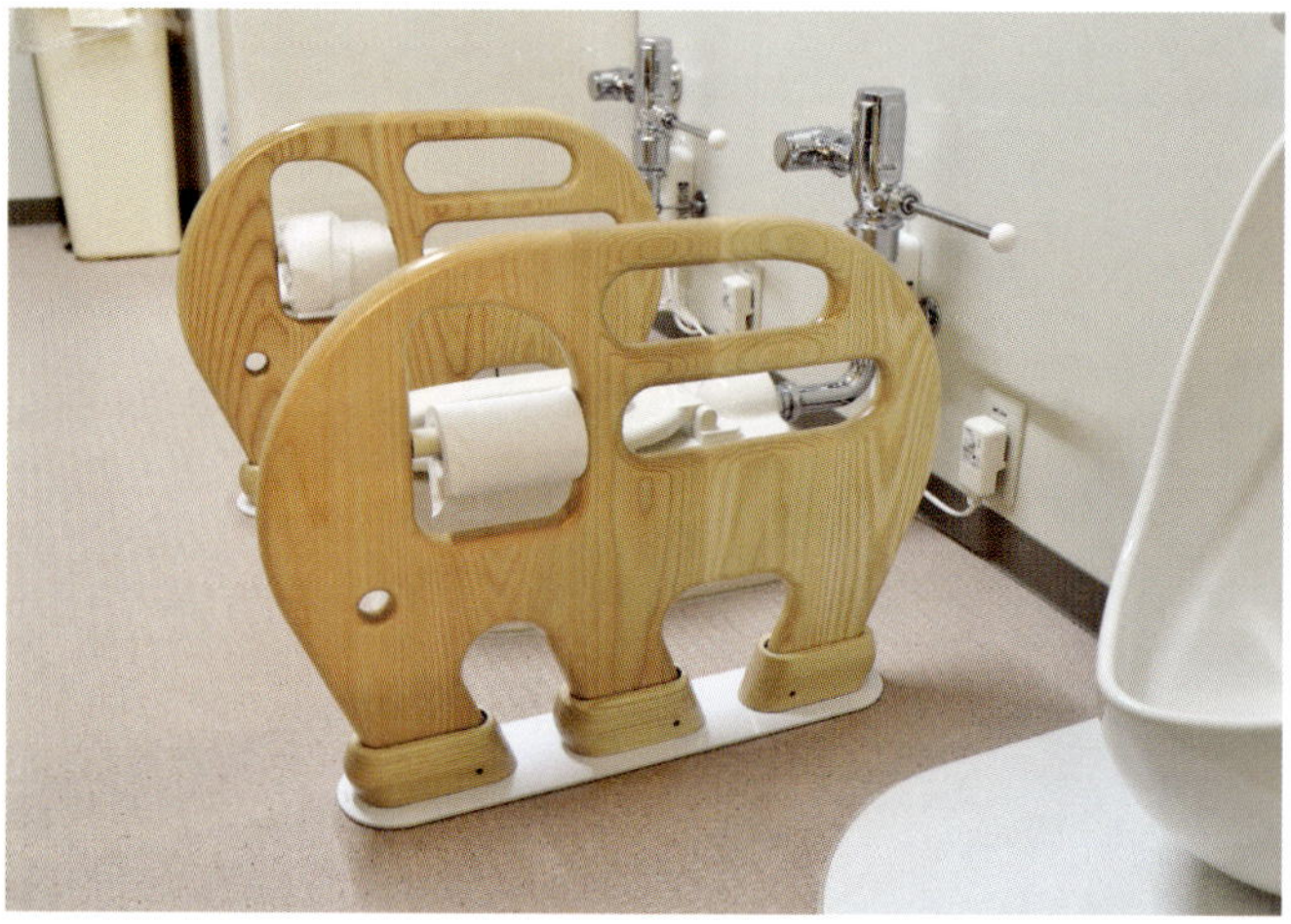

トイレが楽しくなる仕切り

幼児用の小さな便器を仕切るついたては、ゾウの形をしたペーパーホルダー。トイレに行くことが楽しくなるような工夫で、まだひとりでできなくても便器に座ることに慣れていく。

好奇心から始める トイレトレーニング

子どもの発達の中でも、排せつに関しては個人差が大きいものです。園でも、子どもたちが自然にトイレを意識し、ひとりで排せつできるようになる工夫をしています。

例えば、1・2歳児用のトイレにはドアをつけないのもそのひとつ。子どもたちは、友だちがおむつではなく、トイレに行く様子を見て「自分もトイレでしてみたい」という気持ちになります。

最初は自分で排せつすることができなくても、おむつ替えの際に便器に座ることを繰り返すうちに、排せつ＝トイレという感覚を身につけていきます。

トイレが保育室の中にあることで、子どもが行きたくなったときに保育者に声をかけて、すぐに行けるという安心感とともに、みんなの声が聞こえるので落ち着くことができます。トイレの奥にはシャワーがあり、トイレに間に合わなかった子も、その場で洗って着替えることができるようになっています。

3〜5歳児用のトイレは個室に。食前や午睡前など、生活のリズムに合わせて便器に座る時間を設けることで、排せつリズムをつくります。

子どもの発達や気持ちに寄り添って、トイレ体験を重ねていきましょう。

3~5歳児

2階のトイレはプライバシーを配慮

3～5歳児用の２階のトイレは、個室になっていて、プライバシーが保てるようになっている。

シンプルさが成長の証し

3～5歳児用のトイレは、あえてシンプルに。一般のトイレと同じようになったことで、子どもたちがちょっぴり大人になった感覚を味わえる。

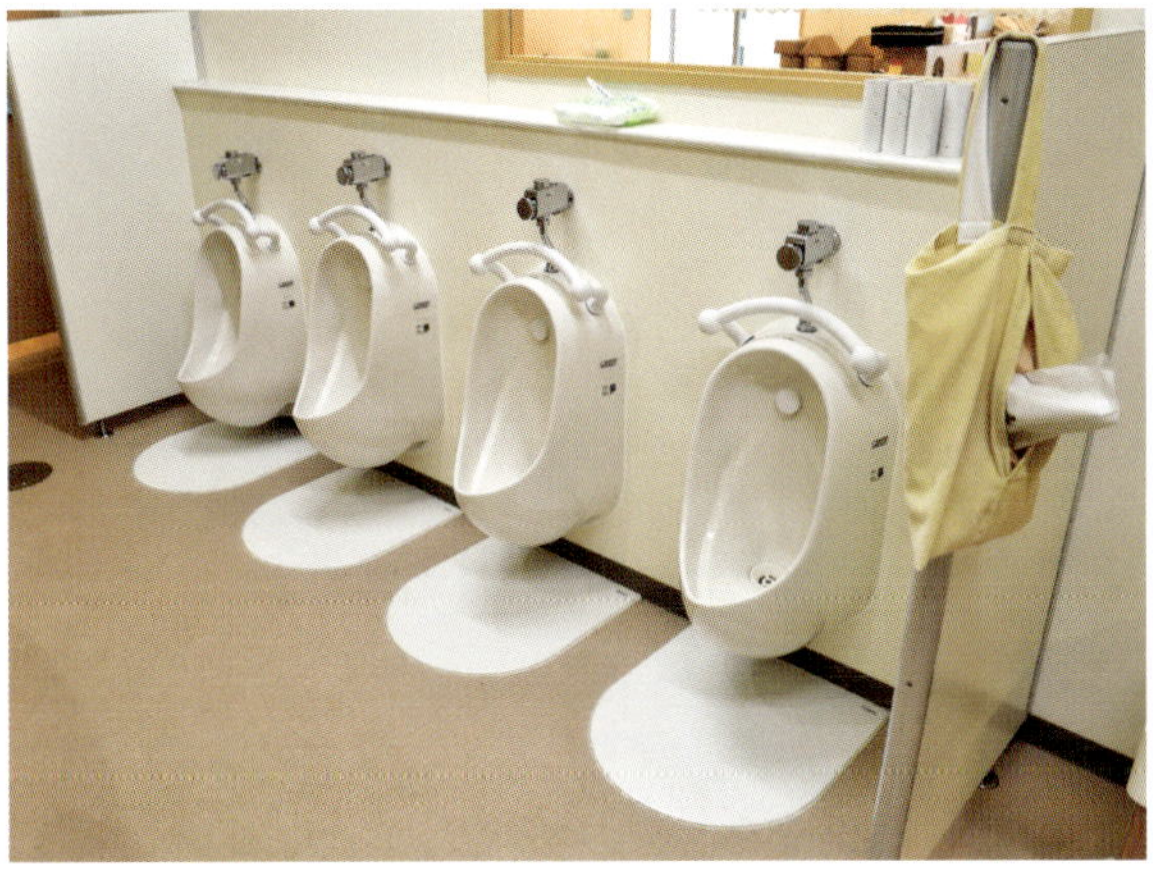

手作りのホルダーに入った手拭き用のペーパー

男の子用便器の下にシートがあることで、正しい立ち位置で排尿ができるようになっている。手洗いの後の手拭きは、常に清潔を保つように、タオルではなくペーパーを用意。

生活の工夫

睡眠

子どもの健やかな成長のためには
欠かすことのできない睡眠。
体と脳の休憩のためにも、
子どもの発達や体力に合わせた
午睡が必要です。

ぬいぐるみもお昼寝

ぬいぐるみにも手作りの布団を用意して、保育者と同じようにやさしくトントン。自分の生活を遊びの中で再現している。

簡易ベッドですやすや

3歳児は、簡易ベッドで午睡。床のほこりを気にせず使えて衛生的で、独立しているため、途中で起き出した子どもの動きを気にせず、睡眠をとることができる。

3歳児

健やかな成長をうながす 発達に合わせた午睡

睡眠は、疲れた体を休めるだけでなく、成長ホルモンの分泌をうながし、記憶や学習の整理をするための大切な時間です。一日の大半を寝て過ごす0歳児だけでなく、1～3歳児でも13時間程度の睡眠が望ましいといわれています。子どもの健やかな成長のためにも、午睡を含めた生活リズムをつくり、適切な睡眠を確保できるようなサポートを心がけているそうです。

園では、3歳児まではみんなでそろって午睡をする時間を設けています。3歳児になると、子どもによっては午睡をしてしまうと、夜なかなか寝つけなくなるなどの影響が出てくる子もいます。子どもは夢中になると、自分の体力の限界を超えて遊んでしまうことがあるため、それぞれの体力やその日の運動量などを考えながら、眠くない子も、ベッドに横になって休息をとるようにしているそうです。

また、4・5歳児では家庭と連携し、午睡が必要と考えられる子どもだけ眠るようにしています。

子どもの睡眠は、家庭との連携が重要な生活習慣のひとつです。特に乳児期の場合は、前夜家庭でどれくらいの睡眠がとれたのか連絡帳に記入をしてもらい、保育者は一人ひとりの睡眠時間を把握しておくようにしています。

1歳児

食事の途中で眠くてぐずることも

発達の個人差が大きい1歳児は、食事の途中で眠くなってぐずり出すこともある。食事を早めに切り上げて午睡させるためにも、あらかじめ保育室の生活スペースをしっかり分けておくことが大切。こども園では、1・2歳児ともに、1歳児保育室で食事、2歳児保育室で午睡と分けている。

0歳児

高さを変えて子どもの安眠を守る

寝ている時間が長く、時間もバラバラな0歳児は、起き出した子が下で遊んでいてもゆっくり寝ていられるよう、たたみのスペースの高さを変えて、遊びの場と睡眠の場をしっかり区別。

4・5歳児

眠れない子には読みきかせも

午睡を必要とする数名の4・5歳児。午睡前に、保育者がそばに行って読みきかせ。眠れなくても、午睡の時間は静かに過ごして、休息をとる時間に。

1・2歳児

午睡のときは保育者が見守って

徐々に体力がついてくる1・2歳児は、午睡の時間になってもすぐに眠れず、布団の上で遊び始める子も。子どもの様子を見きわめながら、一人ひとりに合わせた対応が必要となる。この年齢では、寝ついてもその場を離れず、見守り、SIDSチェックをする。

生活の工夫
着脱・清潔

衣服を着替え、靴をはき替える「着脱」や、衣服や体を気持ちよく保つための「清潔」は、子どもの自立のために欠かせない生活習慣です。

自分で靴をはき替え、決まった位置に戻す習慣

3歳児からは、外ばきの靴を取り出し、靴をはき替えて上ばきをしまう、一連の作業を友だちと話しながらでもできるようになる。靴は、着脱が簡単な面ファスナーのスニーカータイプのものがよい。

着脱

牛乳パックで帽子・靴下入れ

（右）園庭に出る窓際に置いてある、帽子・靴下入れ。牛乳パックをリメイクしてあり、上が帽子入れで下が靴下入れ。名前とイラストマークが書いてある。

（右下）靴下をはき替え、散歩の準備も友だちと一緒でうれしい2歳児。

（下）取り出しやすいと、1歳児も「自分でやる！」と意欲的に。

着脱も清潔も気持ちよく過ごすための基本

1歳児後半～2歳児くらいになると、「自分で」という気持ちが強くなり、いろいろなことをやりたがります。同時に「やって」と保育者を頼ることもあります。保育者は「自分で」という気持ちを受け止めつつ、着脱を手伝いながら、心地よさを味わえるようにしていきます。

自分で靴の着脱ができるようになると、脱いだ靴を決められた場所に片づけ、再びそれを出してはき替えることを学びます。外遊びのときには欠かせない帽子も、ひとつずつ牛乳パックで作ったケースに入れ、靴と一緒に整理する習慣を身につけるようにしているそうです。

清潔のための工夫としては、園庭の手洗い場の横に、砂場で泥んこになった子のためにシャワーを設置して、保育室へ戻る前に手足をきれいに洗えるようにしています。

また、0歳児の保育室には沐浴《もくよく》室が設置されているほか、各保育室にあるトイレにもシャワーがついていて、排せつなどで服が汚れたらすぐに洗って着替えることができるよう、できるだけ清潔で気持ちのよい状態を保つことのできる工夫が施されています。

1～5歳児の各保育室には、それぞれの成長に合わせた高さの手洗い場があり、子どもたちが並んで手を洗うことで清潔の習慣が身につくようになっています。

2歳児は保育者が確かめる

自分で靴がはけるようになった2歳児。面ファスナーのベルトがちゃんと留まっているか、危なくないように保育者がチェックする。

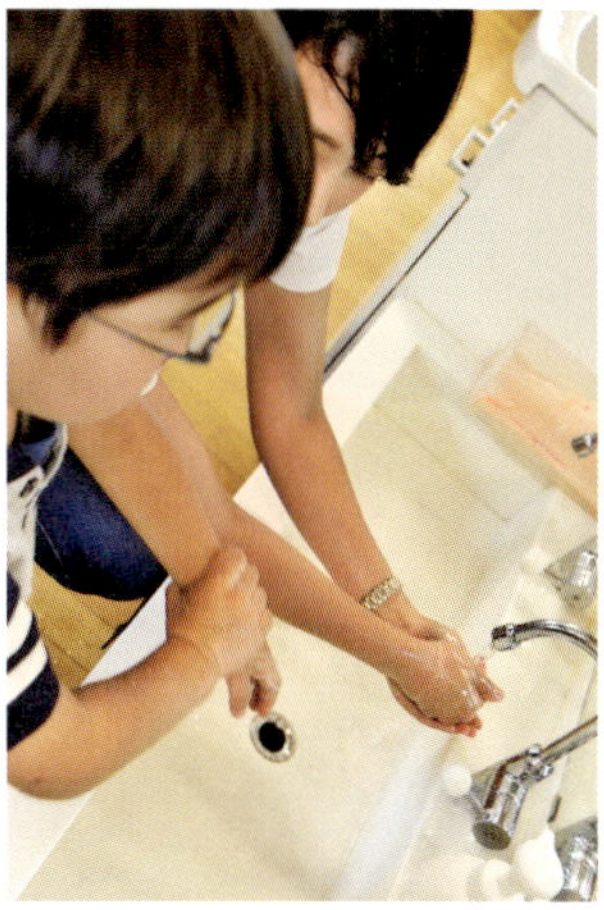

イラストや写真でわかりやすい工夫

洗面台の前に、手洗いのポスターを貼り出し、イラストを見ながら正しい洗い方をマスター。保育者も一緒に洗うことで、子どもたちの手洗いを確認できる。また、野菜の写真には栄養について書かれている。

入室前に専用の洗い場でさっぱり

思いきり外遊びをして泥だらけになったら、保育室に戻る前に、専用の洗い場できれいに洗い流してさっぱり。自分で見えないところは、保育者が手助けをして洗う。

生活の工夫
安全

園には、万一の災害時にも、子どもたちの安心や安全を守る義務があります。緊急の場合にもあわてずに行動できる備えが大切です。

緊急時にもあわてないように訓練

万一のときも子どもたちがパニックにならないよう、ふだんから避難訓練をして、避難時の集団行動や、防災ずきんにも慣れさせておく。

宮里先生より

まず保育者が検討しておく

小さい子どものいる園では、まず保育者だけでさまざまな場面を想定し、避難のしかたを検討します。訓練は、子どもたちが「大丈夫！」という気持ちをもてるようにすることがポイントです。

毎月１回行われる避難訓練では、３～５歳児は園庭に出て、０～２歳児は、保育室の前のテラスに集合。保育者に抱かれた０歳児も、防災ずきんをかぶって参加する。

「いざというとき」をいつも考えた配慮

園では、地震や火災などの災害に備えて月1回の避難訓練と火災訓練を行っています。0～2歳児は黄色い防災頭巾、3～5歳児は銀色の防災頭巾をかぶって園庭に集まり、保育者から災害のときの心構えと、避難のときに守るべき行動について話を聞きます。保育者も、子どもたちが「おはしも」の標語にしたがい、いざというとき、あわてずに行動ができるように心がけます。「おはしも」とは、「押さない」、「走らない」、「しゃべらない」、「戻らない」という、避難時の4つの心構えの頭文字をとったもの。火災時の避難経路を確認したり、次の避難場所まで行く練習をするなど、いろいろな想定をした訓練を行っているそうです。

セキュリティについても十分な配慮を施し、門扉の周辺には4台の防犯カメラを設置しています。映像はスタッフルームでひと目で確認でき、万一の場合は、館内一斉放送で注意・避難をうながすようになっています。大学の正門と南門には守衛室があり、特に園の横にある南門の守衛さんは、日頃から子どもたちの安全に気を配り、見守ってくれています。

また、外遊びのときは虫除けスプレーを用意しているほか、蚊の多い植え込みなどには、蚊取り線香をたいて、子どもたちを虫刺されから守っています。

大学の守衛さんとも仲よし

お散歩の途中で見つけた落とし物を、大学の守衛さんに預ける子ども。こうしてふだんから周囲の大人と接する機会をもつことが、子どもたちを見守る環境づくりとなる。

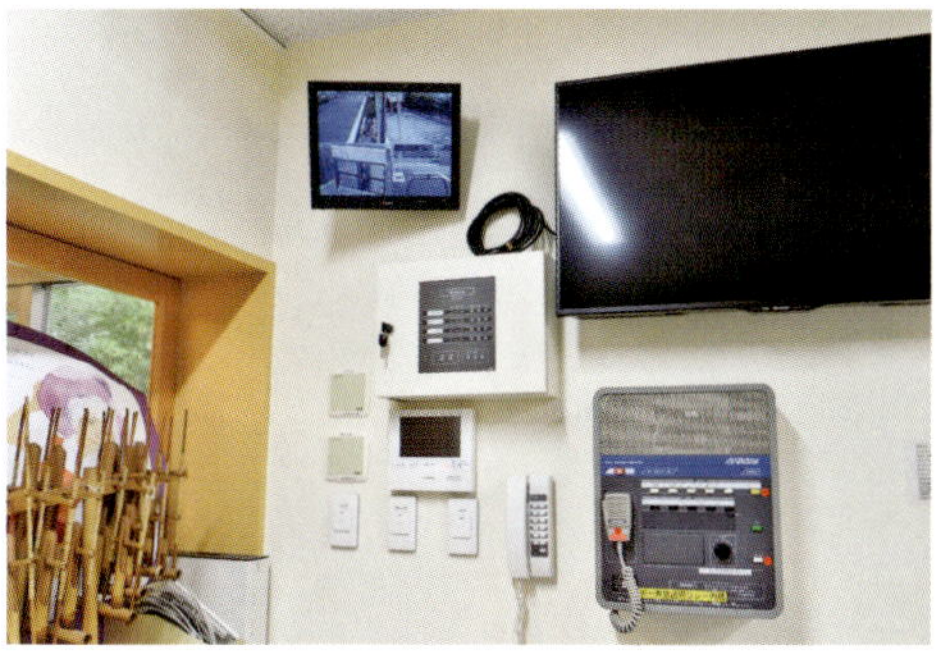

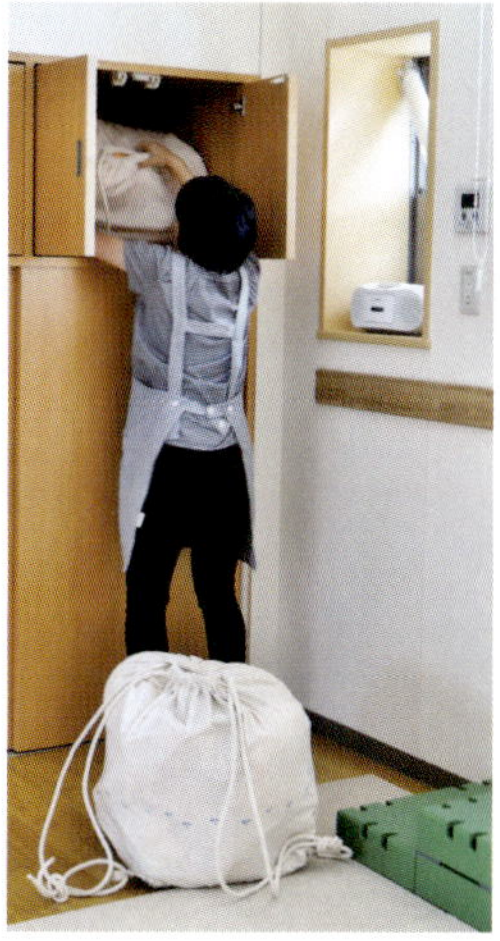

いざというときのために

(右) 2歳児の保育室のクローゼットには、1歳児と2歳児用の防災ずきんを用意。
(上) スタッフルームには、門扉のまわりを映す防犯カメラのモニターや、園内一斉放送ができるセキュリティシステムが完備されている。

屋外でのトラブルにもしっかり配慮

散歩前には保護者の了承を得たうえで、虫除けスプレーを使用したり、子どもたちが遊ぶ園庭には蚊取り線香をたいたりして、虫刺されにも注意している。

園庭の安全対策

子どもが入り込みそうな階段の下や、手を伸ばせば届きそうな場所には、安全のため鉄柱にクッションを巻きつけて、事故予防。

ドアロックの位置にも配慮

子どもたちがひとりで外に出てしまわないよう、玄関ドアの開閉ボタンも子どもの手が届かない高い位置に設置されている。

生活の工夫 保護者への発信

保護者に子どもや園の様子を発信する方法は、アイデア次第でいろいろな工夫ができるもの。内容だけでなく、伝えたい気持ちを大切に。

玄関を入ってすぐ、靴箱の上が掲示コーナーになっている。

目立つところに子どもの様子

玄関の靴箱の上がホワイトボードになっていて、子どもたちの園での様子を写した写真などを貼り出している。靴箱の上はアートスペースとして、子どもたちの製作物が飾られている。

別の日の園の同じ場所の様子。写真や伝言、製作物などもこまめに替えている。

1階と2階に分けて情報発信

園からのお知らせやお願い、あるいは保育者が子どもたちの園での様子を知らせる、「保護者への発信」。靴箱の上をお知らせや写真を貼れるフリースペースにしたり、一緒に子どもたちの製作物を並べたりして、保護者に子どもたちの活動を知ってもらえる発信をしています。

この日の玄関には、花紙で作った1・2歳児の作品と3歳児の粘土細工が飾られ、壁にはそのときの様子を伝える写真が、保育者のコメントとともに貼られていました。こうした作品や写真は、季節や行事に応じて、こまめに替えているそうです。

また、各クラスの様子については、3~5歳児は、2階にも情報発信のスペースを設け、それぞれの保育室の前に、0~2歳児は各保育室の中にクラスのお知らせや子どもたちの写真を貼り出しています。

3~5歳児のクラスの掲示は、一日の様子が1枚の紙にコンパクトにまとめられています。ファイル用の透明シートに入れて掲示し、掲示を終えたらそのままファイルに綴じられるようになっています。毎日更新するため、いちばん新しい昨日の写真が目立つように立てかけた額に飾ってあったりと、細かなところにも保育者による工夫が見られます。

2階の絵本コーナーは、保護者にとってもフリースペース

(左) 階段を上がったところにある2階の絵本コーナー。3～5歳児は、2階まで保護者が入れるようになっているので、子どもたちを送り迎えにきた保護者たちの情報交換の場にもなっている。(右) 階段に飛び出さないよう、引き戸のカギは上についている。

「あれ、いつだったっけ?」がすぐわかる

2階では、保護者への伝達や子どもたちの様子は壁新聞のようにして廊下に貼り出し、過去のお知らせもファイルにして、いつでも確認できるようになっている。

発信の見せ方にも工夫が

こちらは、4歳児の発信コーナー。子どもたちの一日の様子をまとめて、写真立てに掲示した1枚。

保護者全員への発信は玄関先にまとめて

病気への注意や、その日の給食メニューなどは、靴箱の上や玄関脇にショーケースを置いて、1階に。保護者全員が見られるように配慮している。

Column

模様替えは保育が新しくなるきっかけに！

宮里暁美

みなさんは保育室の模様替えをどのくらいの頻度で行いますか？　月１回？　学期ごと？　年度が替わるとき？　わたしは、幼稚園のクラス担任をしていたとき、何だか暮らしにくい、気分を変えたい等々、さまざまな思いが蓄積されたときに「エイヤ！」と模様替えに着手しました。

子どもたちが帰ったあとの保育室で「今日はやるぞー！」と、棚の中のものをすべて外に出します。作りかけのまま放置されていた作品や、楽しく遊んでボロボロになったごっこ遊びの衣装と対面し、考え込み、まだ遊びに使われそうなものと役割を終えたものと、どこで線引きすればよいか迷います。でも「遊び」は新しく生み出すところに魅力があるので、断捨離という言葉の通り意を決して整理していきます。

そうやって整理していくとスペースに余裕ができてきます。そこからが楽しい時間。さまざまな遊びをイメージしコーナーを作ったり、素材や用具を置いていきます。その際、遊びの内容を限定せずに可能性が広がるようなコーナー設定を心がけます。

翌日、新しくなった保育室に登園してきた子どもたち。「あ、変わった！」と喜びの声が上がるときもあれば、「あれ？　わたしたちの〇〇はどこ？」と苦情が来ることもあります。「そうか。あの遊びには思いが残っていたのね」と確かめる機会にもなります。こういうときのために、使わないかなと思っても、箱に入れておくと安心です。

一旦整理した環境もひとたび子どもたちの手にかかれば、すぐに混沌とした遊びの場になっていきますが、それでいいのです。子どもたちが場や遊びをつくっていく、そのために模様替えをしたのですから。

今、わたしがいるのはこども園。夕方遅くまで子どもたちが園にいます。ですから模様替えも、今は子どもたちと一緒にします。教材庫や用具庫の整理も子どもたちに手伝ってもらいます。子どもたちはこの時間が大好きです。いろいろなものを整理し、並べ替え、使いやすくする。それは、環境と仲よしになるひとつのアプローチなのかもしれません。

PART2

実践したい！
園が取り組む環境アイデア

お茶の水女子大学こども園開園の前に、宮里先生がご覧になって、「このアイデアはすばらしい！」と思われた園の環境を編集部が取材しました。

まねしたくなるような、あなたの園でも実践できる工夫が、きっとたくさんあるはずです。

PART 2

あなたの園で取り入れられる工夫を見つけよう

編集部

限られた環境だからこそ、生まれてくるアイデアがあり、工夫のしがいもあります。いろいろな園の創意工夫を参考にして、まねできることはどんどん取り入れていきましょう。

子どもが主体的に関われる環境づくり

子どもたちの中にある「やりたい！」気持ちを引き出すためには、毎日の生活の中で子どもが主体的に活動しながら環境と関わり、豊かな体験を得られるような保育環境が必要です。

ＰＡＲＴ２では、そうした環境づくりを目指し、実践している園をご紹介します。

これらの園は、いずれも「こんな園だったら楽しそう」「自分が子どもだったらこんな園に行ってみたい」と思うようなところばかりですが、どこも最初から完璧な環境に恵まれていたわけではありません。いろいろな不便や問題があっても、それらと向き合いながら工夫を重ねて改善し、進化してきたものです。

敷地の広さや形、園舎の間取りなどは変えることができませんが、制約があるからこそ、それを補う創意工夫が生まれます。「うちは園庭が狭いから」「園舎が古くて」などとあきらめず、ここで取り上げた園のアイデアや工夫をまねできるものは取り入れて、子どもが主体的に活動できる環境づくりに役立ててください。

子どもたちが主体的に活動するようになると、保育者が指示をすることが減り、保育者自身にもゆとりが生まれます。ここで紹介する各園のアイデアが、ひとつでもみなさんの参考になることで、保育者と子どもたち、みんなの笑顔が増えることを願っています。

子どもたちの豊かな想像力を引き出すための工夫がいっぱい。（ゆうゆうのもり幼保園）

園舎からは見通しがききにくい園庭にも工夫がある。（駒場幼稚園）

園庭の隅にあったプランターを園庭中央の芝生との境に置いたことで、子どもたちの動きが大きく変わった。（江東区立みどり幼稚園）

園庭 小さな工夫が生み出す大きな変化

子どもが選択し、行動する環境をつくるのに、広さは関係ありません。狭くてもできること、限られたスペースだからこそ生まれてくるアイデアを生かしながら、子どもたちがのびのびと遊べる環境を目指しましょう。

例えば、園舎の横に小さなビオトープを作ることで、子どもたちが自然とふれあう場となったり（江東区立みどり幼稚園・P.120）、細長く、見通しのききにくい敷地を、自然あふれる個性的な園庭にしたり（駒場幼稚園・P.129）。

限られたスペースでも、日ざしをさえぎる木陰や、小鳥のための巣箱がかけられているだけで、自然に子どもたちが集まり、さまざまな興味や関心を引き出す環境が生まれます。

大きな花壇を作ることはできなくてもプランターで花を育て、「狭くてもできることをやってみる」という精神で、団地の中にある園にさまざまな自然を取り入れている江東区立みどり幼稚園（P.118）のように、園庭に置いたプランターの位置を少し変えるだけで、子どもたちの行動や意識が変わることもあります。

関東学院六浦こども園（P.82）の園庭の、奥まった場所に置かれたタイヤのように、素材がひとつ加わることで、遊びのパターンがいっきに増え、子どもたちの遊びに変化をもたらすこともあります。それぞれの園での小さな「何か」を見つけましょう。

何かを加えるだけでも子どもたちの意識を変えることができる。（関東学院六浦こども園）

階段を上がったところにある絵本のコーナーは、子どもたちがゆったりと過ごすお気に入りの場所。（バオバブ小さな家保育園）

園舎

廊下が遊び場になることで園の風景が変わる

大ホールの上を覆うように設けられた巨大ネット（ゆうゆうのもり幼保園・P.110）や、園舎中央のスロープとそれに続く屋上にある田んぼ（駒場幼稚園・P.128）など、設計の段階から意匠を凝らした園は憧れですが、現実はそうはいきません。しかし、なかなか手を加えにくい園舎も、工夫次第で子どもの自主性を育むスペースにすることが可能です。

例えば、保育室の前の廊下を遊びのスペースにするだけで、毎日の風景が変わります。園舎中央の広くて長い廊下を、子どもたちの遊びをつなぐ場所として活用している実践例（お茶の水女子大学附属幼稚園・P.93）を参考にして、狭くても廊下を活用することで、遊びのスペースが広がった文京区立お茶の水女子大学こども園の例があります。廊下を遊び場として開放することで、単に子どもたちの活動の場が広がるだけでなく、異年齢の子どもたちが自然に交流できる場となっています。

また、子どもたちは「絵本」も大好きです。みなと幼稚園（P.112）のような本格的な部屋ではなくても、バオバブちいさな家保育園（P.72）や関東学院六浦こども園（P.82）のように、絵本専用のコーナーを設けることで、子どもたちの遊びの場となり、ほかの子が絵本を読む姿に刺激されて、自然と本に興味をもつ手助けをすることができます。

中央の長い廊下が遊び場となることで、異年齢の子どもたちが自然に混ざりあい、交流が生まれる。（お茶の水女子大学附属幼稚園）

本物の包丁やフライパンを使うことで、道具の使い方や生活習慣を身につけることができる。（東洋英和女学院大学付属かえで幼稚園）

生活 子どもの想像力を生かし遊びにつなげる工夫

何もない空間に、子どもたちが大型の積み木であっという間に「足湯」や「飛行機」「フィギュアスケート場」など、さまざまなものを作り出す光景は、多くの園で見られるものです。こうした子どもの想像力を生かし、自発的な活動を引き出す見たて遊びがしやすいように、各園ではいろいろな工夫をしています。

ホールなど、自由に積み木ができる広いスペースがないところでは、文京区立お茶の水女子大学こども園のように、テーブルを入れ子にして、保育室の中に積み木ができるフリースペースを作るのも有効です（P.31）。

東洋英和女学院大学付属かえで幼稚園（P.98）では、子どもたちが「木工室」でのこぎりやきりなどの大工道具を使うだけでなく、本物の包丁を使ってままごとをしていましたが、リアルな家具や調理器具・食器など、できるだけ本物の道具を使って生活習慣を身につけるようにしている園も多いようです。

ほかにも、保護者へのおたよりを、クラス別に色分けしたファイルの向きで既読と未読がひと目でわかるようにしたり（バオバブちいさな家保育園・P.78）、トイレットペーパーの芯に紙を巻き、きれいに並べておたより入れにしたり（東洋英和女学院大学付属かえで幼稚園・P.105）といったように、生活環境に、すぐ取り入れやすいアイデアがいっぱいです。

中型積み木を使って「飛行機」。保育室の中でこんな大作が生まれる。（駒場幼稚園）

細やかな心配りで心地よい暮らし

バオバブちいさな家保育園

（東京都多摩市）

宮里先生より

居心地のよい生活空間

何回か訪れ、多くを学ばせていただいた園です。小さな子どもが自ら育つことを大切にしている確かなまなざしが、環境の随所に感じられます。決して広くはないけれど、居心地がいい庭では穴掘りに没頭する子がいたり、それぞれのやりたいことが大事にされています。玄関を入ってすぐのところに調理室があり、広い窓から調理の様子がよく見えて、朝から「おいしい」気持ちになります。バオバブの木の下にいるような気持ちになる、「温かくてうれしい園」です。

淡いピンクの外壁とやわらかなフォルムが特徴の園舎。

"あったら便利"がそこにある

2014年の新築移転にともない、それまでの3歳未満児の保育園から0~5歳児の園として、大きく生まれ変わった「バオバブちいさな家保育園」。木をふんだんに使った新しい園舎のそこかしこに、この地域で40年以上も保育園の運営に携わる、園長の遠山洋一先生のこだわりとアイデアが満載です。

例えば、玄関ホールにあるペアレントロッカーや調理室横のフリースペース、屋上や園庭に設けられたトイレなど、"あったら便利"と思うものが、ほしい場所に用意されているのもそのひとつです。こうしたアイデアのおかげで、子どもも大人もストレスを感じることなく、スムーズに生活できるようになっています。

保育室も、生後6週間から受け入れている0歳児の部屋をはじめ、低年齢は1階に。3・4歳児はたて割りで2クラスにし、午睡のときは2クラスがいっせいに大きな部屋に移るなど、子どもの発達に合わせて細やかな配慮が施され、それぞれが特色をもった、安心して心地よく過ごせる空間となっています。

ほかにも、園庭にある非常用のらせんの滑り台をふだんから子どもたちに開放するなど、遠山先生が目指す、"子どもたちの理解者となり、子どもの気持ちに寄り添うような保育"を実現する場となっています。

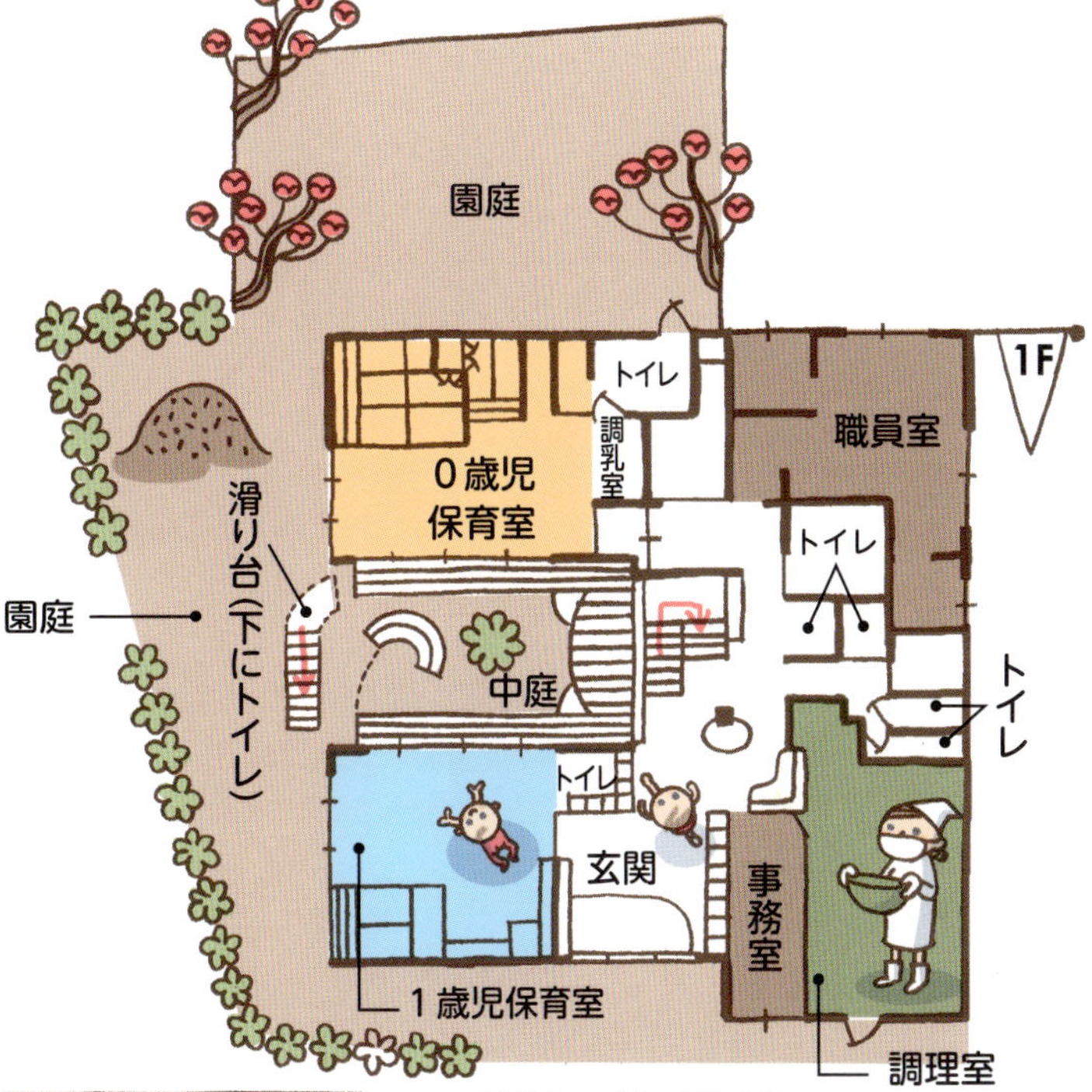

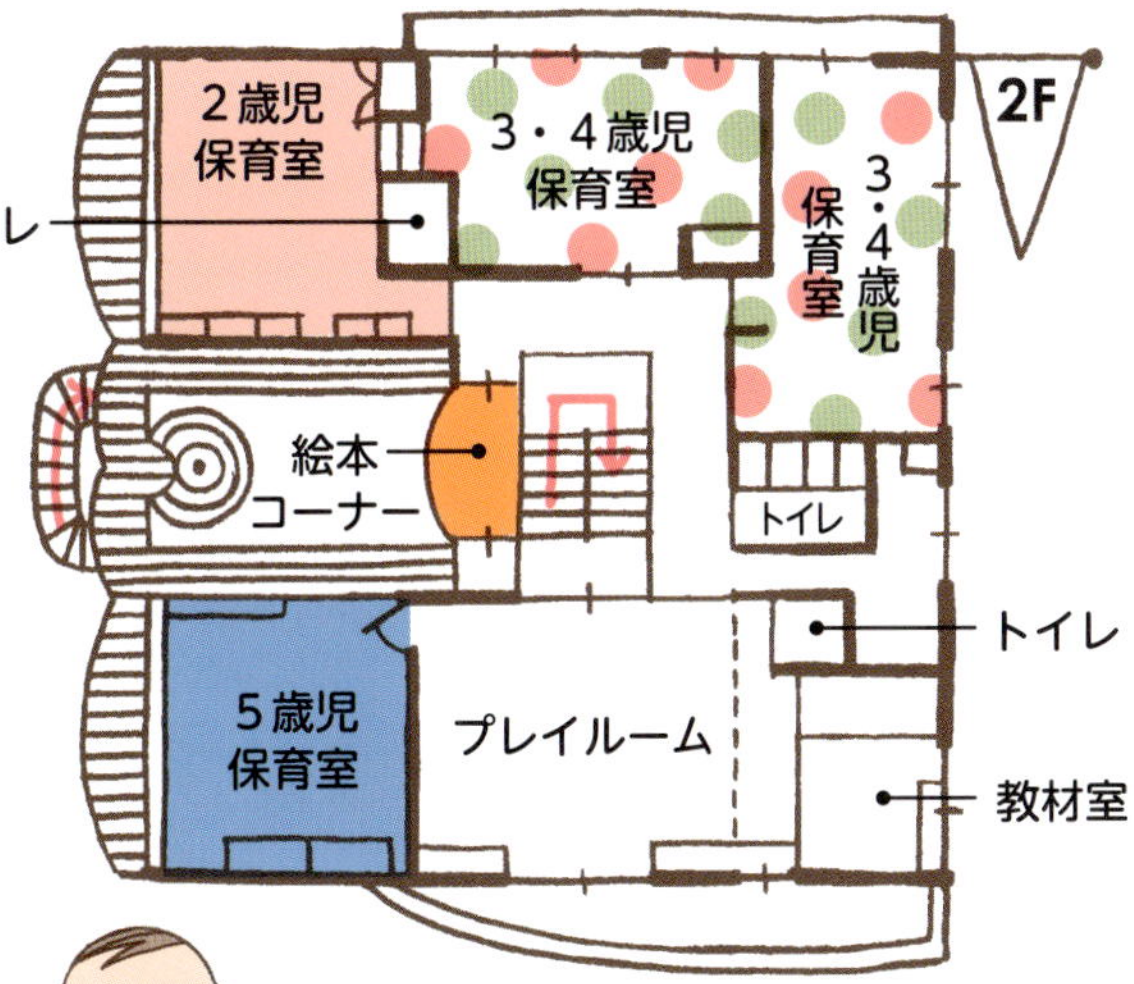

人工芝を敷きつめた屋上には菜園があり、トマトやキュウリ、ナスなどの夏野菜を栽培している。夏にはプールも設置される。また、三輪車などの乗り物も置かれ、子どもたちが安全に走り回れるようになっている。

屋上から続く、非常用のらせんの滑り台。

それぞれの発達と年齢に合わせた保育室でのびのび成長

1階

木の温かみを感じる0・1歳の保育室は、子どもの発達に合わせ、安心で居心地のよい空間づくりをしています。

生活空間を分ける

（右）0歳児は、ベッドの部分を高くして子どもたちが落ち着いて寝られるように、（左）1歳児は疲れたらすぐ横になれるよう配慮しながら、睡眠と活動の場をはっきり分けて、生活にメリハリがつくようなレイアウトに。

1歳児

0歳児

0歳児

居心地よく安心できる

調乳室との境を仕切る柵に飾られた絵や、部屋に置かれた小さなソファやクッションが、自宅のようにくつろいで授乳できる環境をつくっている。

0歳児

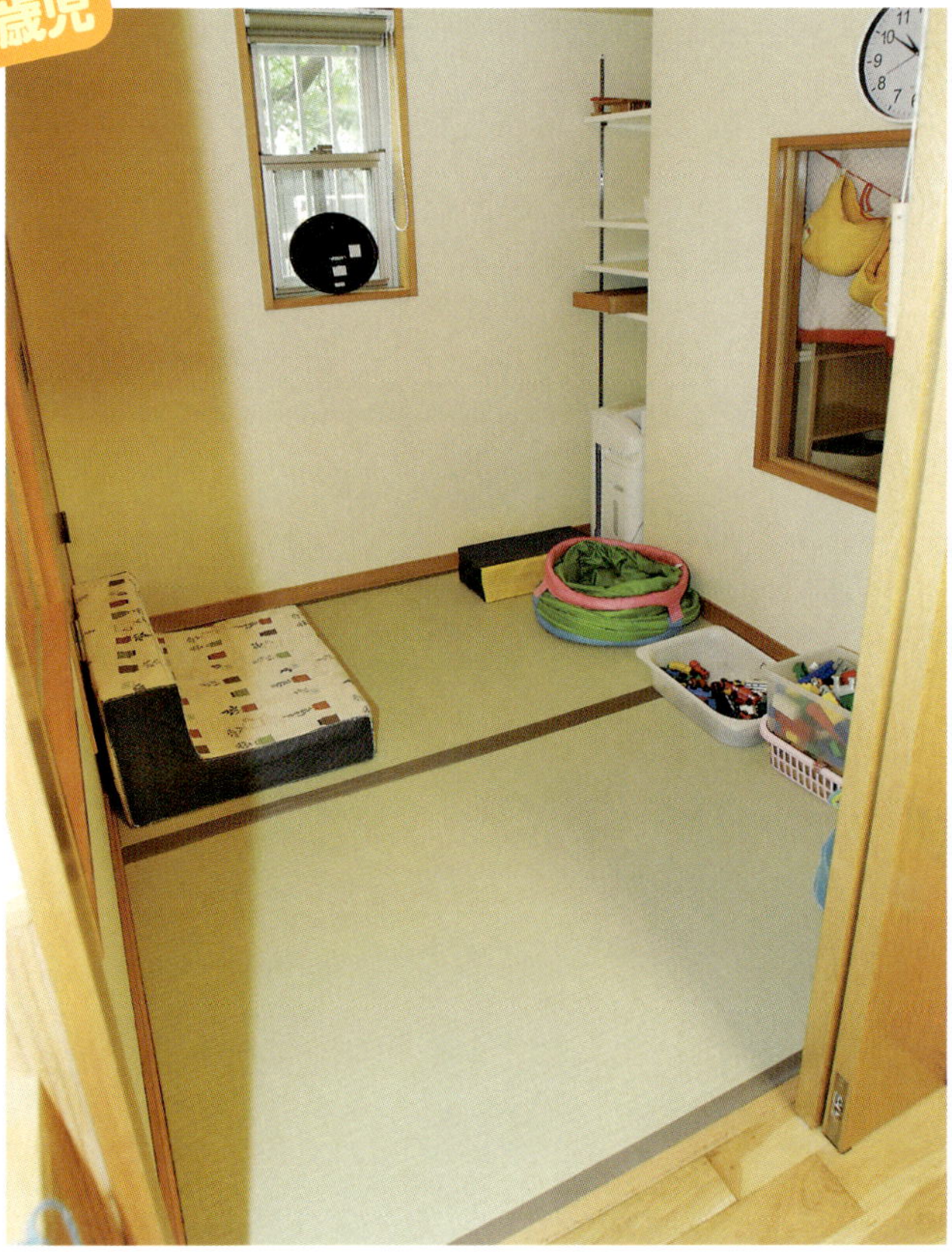

落ち着く和室が！

保育室の一隅には、寝室やプレイルームなど、さまざまな用途に使える和室が用意されている。

発達を促す遊び

（右）まだ外に出られない０歳児の保育室には、中庭に面して大きなテラスが設けられ、外の雰囲気を感じながら遊ぶことができるようになっている。
（下）手作りのものや木や布など、感触を楽しみ、五感を発達させるおもちゃを子どもたちの手が届く位置に配置。

0歳児

1歳児

ちょっと座れる場所があちこちに

庭から戻ったときにちょっと腰かけて足を拭いたり、着替えたりするときにも便利な積み木。

宮里先生より

足洗い

たっぷり遊んだそのあとに、自分でゆっくり足や手を洗う場所があったら、子どもたちはそれもまた遊びのひとつのように楽しみます。うれしい生活です。

1歳児

中庭の足洗い場や木の周りなどは、ちょっと腰かけられるようにし、子どもたちがくつろげる場となっている。

親子で過ごすとっておきの場所

玄関の横、調理室に続く場所には、小さなフリースペースが。絵本や保護者への案内なども置かれ、朝や帰りのひととき、親子で過ごすスペースになっている。

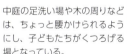

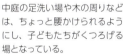

「やってみたい」を育む アイデアがあちこちに

園庭＆2階

2～5歳児の生活スペースとなっている2階や園庭でも、子どもたちがいきいきと過ごしながら主体性を伸ばしていけるようにサポートしています。

カキ、見～つけた！ みんなで食べたいな

園庭で実ったカキを、自分たちで収穫してみんなでお味見。アンズやモモなど、季節の果物が楽しめるほか、菜園で育てた野菜も、みんなでいただきます。

宮里先生より

園庭について

小さな子どもたちにとっては、ちょうどいい「狭さ」があるような気がします。自由に動き回ることはできるけれど、決して広すぎない、友だちや先生の息づかいを感じられる、そんな場所で安心したように動き始める子どもたち。ちょうどいい狭さの意味、考えてみませんか。

3・4歳児

遊びの場と生活の場を分けて

3・4歳児はたて割りで異年齢混合が2クラスある。広い保育室は、棚などで仕切って、用途に合わせたスペースを確保。午睡のときは、プレイルームに全員で移動する。

光がさし込む 絵本スポット

階段を上がって保育室に行く途中の廊下には、絵本のコーナーが。本棚の両脇には保育者が選んだ絵本がおすすめポイントを挙げながらディスプレイされ、子どもたちが手に取りやすいようにしている。

採光がよく明るい園舎

（上）階段の途中など、いたるところに窓が。採光もよく、子どもたちの動きもわかる。

（左）日光がさんさんと入る、3・4歳児保育室。天井にも子どもたちの製作物を飾っている。

3・4歳児

外に出るときにも居場所がわかる

子どもたちの居場所をボードで管理。園庭で遊んだり、お散歩などで外に出るときは、保育者がボードを持って移動するので、だれがどこにいるのかひと目でわかるしくみになっている。

布でやさしい光に

子どもたちが午睡をする場所の照明は、布でおおってまぶしくないようにひと工夫。

5歳児

時間や月日で見通しを立てられるように

5歳児の保育室には、壁に時計やカレンダーなどをかけて、数字や文字になじみ、時間やスケジュールを把握できるように配慮。

使う人の立場に立った心地よい生活環境

園のそこかしこに見られる、子どもや保護者の目線に立ったアイデアの数々には、保育者たちの確かな愛情や思いやりが感じられます。

発信

玄関ホールで保護者に発信

保護者へのお知らせは、ひとりずつ、クラス別に色分けされたファイルに。ファイルの向きによって、既読と未読がひと目でわかるようになっている。

3・4歳児

みんなで楽しく食べよう

(上) 保護者が都合がつく日に保育参加できる。この日はお父さんも一緒にテーブルを囲んで、楽しい給食。
(下) 給食のメニューを例に、文字に興味をもたせる工夫も。

1歳児

保育者用の小さないすが大活躍

子どもたちの世話がしやすいように、保育者は発泡スチロールを布でくるんだ手作りの箱をいすに使用。移動しやすく、高さを変えることができて便利。

0歳児

食育

手づかみ食べとフォーク発達に合わせて

手づかみ食べが始まる子どもは、だんだんと自分で食べるように。一人ひとりの発達に合わせて、徐々にスプーンやフォークを使って食べる練習も行っている。

排せつ

3・4歳児

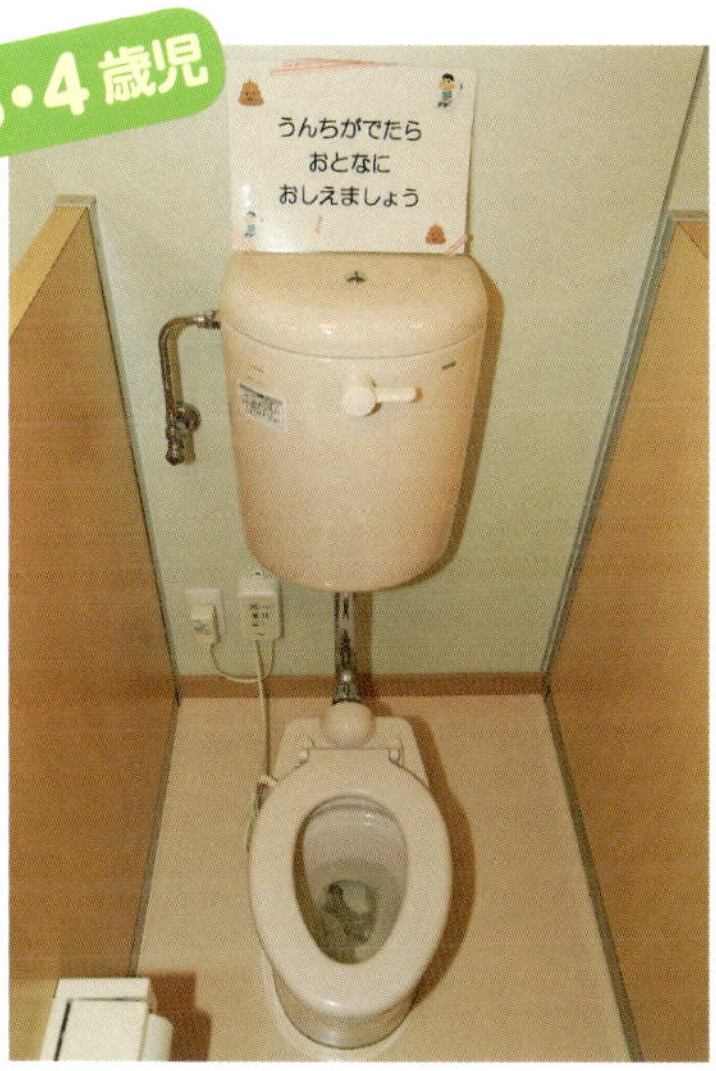
うんちがでたら
おとなに
おしえましょう

自分で排せつできるように

援助がなくても排せつできるようになった子は、ひとりでできるように個室風に仕切られたトイレ。しばらくは、保育者がおしりを拭いたり、子どもが拭いたあとを確認。

ここにもトイレ

排せつをうまくコントロールできない子どものために、屋上や庭にもトイレが。手洗いとシャワー、トイレなどの水場がコンパクトにまとまって、気持ちよく清潔を保つ習慣が身につくようになっている。

0歳児

おむつボール

棚の上に置いた大きなバスケットをひもで仕切って、着替え一式をおむつにくるんだ「おむつボール」の指定席に。おむつボールを取り出すだけで効率よく着替えができ、整理もできる、一石二鳥の収納法。

着脱

片づけできるかな

自分で描いたマークを貼った場所に靴を戻すことで、整理の基本が身につく。

安全

けがや虫刺されに注意！

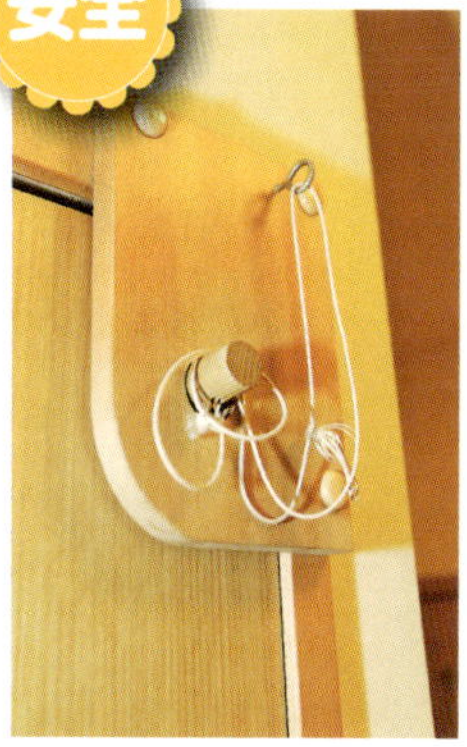

虫よけ
さんぽ用

（左）ドアのカギも、子どもの手の届かない位置にかんぬきでロック。

（右）お散歩や外遊びには、蚊取り線香や手作りの虫除けスプレーを用意。無添加なので、子どもにも安心、安全。

睡眠

午睡の様子を見守りながら壁新聞作り

子どもたちが寝静まった午睡の時間、保育者は呼気チェックなどの安全確認をしつつ、保護者に子どもたちの様子を知らせる壁新聞を作って、保護者との連携を図っている。

木登りや鬼ごっこなどで人気の西園庭。日よけや休憩所になるテントもある。

宮里先生より

居心地のよい居場所

保育園の真向かいにある、一軒の家。そこは、「赤ちゃんを広いスペースで遊ばせたい」「お母さん同士、おしゃべりしたい」「みんなと一緒にお昼を食べたい」という、お母さんたちの願いを受け止めてできあがった子育てサロンです。

庭の緑が美しく見える場所で、数組の親子が楽しく過ごしていました。遠山先生がずっと大切にされている、子育て支援の様子を紹介します。

地域に根ざした子育て支援と一時保育

バオバブちいさな家

親子サロンびーだま
一時保育室こあら組

（東京都多摩市）

びーだま

親子で気軽に過ごせるサロン・びーだま

玄関を入ると、右の入口は無料で参加できて、親子が一緒に遊べる「親子サロンびーだま」と、左の入口は「一時保育室こあら組」の部屋に分かれている。

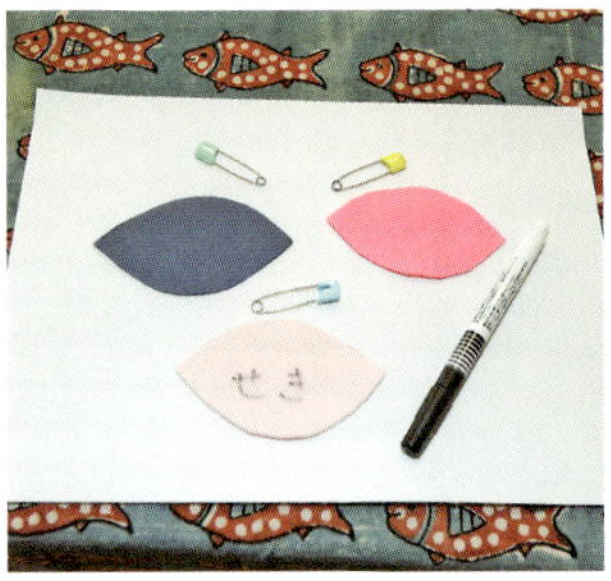

葉っぱの形の名札がパス代わり

2回目の来園からは、参加者名簿に氏名を記入して、名札をつけるだけで参加できる。

明るく居心地のよい空間の中で親子で過ごす楽しいひととき

バオバブちいさな家保育園と同じく、木を基調とした室内が落ち着いた雰囲気のサロン。毎週火曜日には、保健師が常駐し、育児や子どもの健康についての相談もできる。

ひと目でわかる整理が大切

さまざまな年齢の子どもが集まる親子サロンでは、だれもがひと目でわかるように、引き出しの中をイラストで表示。

親子サロンと一時保育、ふたつの子育て支援

バオバブでは、保育園のほか「親子サロンびーだま」と「一時保育室こあら組」、ふたつの活動で地域の家庭の子育てを支援しています。

「親子サロンびーだま」は、毎週月・火・木・金の10時30分から15時30分まで、おもに0・1・2歳児とその保護者を対象に開放されるフリースペースです。家庭で子どもとふたりで過ごすことの多い親子が三々五々やってきて、親子で、あるいは子ども同士、保護者同士が同じ空間で過ごしながらヨコのつながりを深めることができれば、という園長の遠山先生の思いから、無料で交流の場を提供しています。

初めて訪れる親子も、「はじめてカード」に記入するだけで、予約も必要なく、思い立ったときに気軽に利用できるところが魅力です。出産前の妊婦さんも利用することができるので、先輩のお母さん方にいろいろな話を聞いたり、相談したりしに来るプレママも。

親子サロンのとなりの部屋は、「一時保育室こあら組」です。こちらは、土日、祝日、年末年始以外の毎日8時30分〜17時（この間で4〜8時間）の保育時間で、週1〜5日程度、家庭での保育が困難な保護者をサポートします。日によって顔ぶれは変わりますが、満1歳から2歳児までが、一緒に過ごす場となっています。

こあら組

年齢別の生活リズムを大切に

給食は、少しずつ時間をずらして年齢別にとっている。

年齢別に生活スペースを区切ったこあら組

1・2歳児の「一時保育室こあら組」では、たたみや仕切りで生活スペースを区切り、1日10人程度が一緒に過ごす。

コンパクトにまとまった園庭

ふたつの保育室に面したテラスと園庭は、小さいながらも子どもたちが楽しく遊べる場所。お天気の日にはみんなで園庭で遊んだり、外にお散歩に行くことも。

私物はひとり1個のかごで整理

着替えやおむつなどは、ひとつのかごにまとめて、名前や絵を描いたタグをつけて整理している。

アトリエでのアート
変化し続ける園庭

関東学院
六浦《むつうら》こども園

（神奈川県横浜市）

宮里先生より

感じる世界が豊かに広がる

幼児期に育みたいものは、感じる心。光や影、風や雨、鳥のさえずり、そっと伸ばした手が感じるザラザラやスベスベ。身の回りにあるあらゆるものが、子どもたちに呼びかけます。「きれいだね」「不思議でしょ」「触ってごらん！」と。
六浦こども園のアトリエや園庭は、そんな子どもたちの「触ってみたい」気持ちを引き出し、感じる心を育んでいきます。アトリエと変化し続ける園庭を紹介します。

関東学院金沢八景キャンパスの中にある園舎。

子どもたちの感性と創造性を育む「子どものアトリエ」

子どもたちがその道のプロと出会う機会をつくりたい、という思いから始まった、アートの専門家による「子どものアトリエ」。

「アートな活動を行うことは、自分なりの人生の始まり」という関東学院大学准教授・照沼晃子先生や学生たちの協力を得て、アトリエでは0歳児から活発なアート活動が展開されています。

不思議な形の廃材、使用済みの色画用紙、セロファン、布、木片、木の実、ミカンの皮など、さまざまな自然素材が並ぶ、アトリエのテーブル。子どもたちは、これらの中から好みの素材を選び出し、自分だけのアートを生み出していきます。だれもが自分がやりたいことを選び、試行錯誤を繰り返す中、その傍らには、形や結果を求めるのではなく、子どもが始めたことを支え、子どもがもつ力と学ぶ力を引き出していく、大学の学生たちで構成されたアトリエスタッフの姿が。

「子どもたちの気づきや発見、さまざまな経験から生まれる遊びを保育の中に据えて、心も体も、五感のすべてをフルに動かし、探究することを味わってほしい」という園長の根津美英子先生の願い通り、子どもたちは今日もアトリエでいきいきとアートに取り組み、感性や創造性を育んでいます。

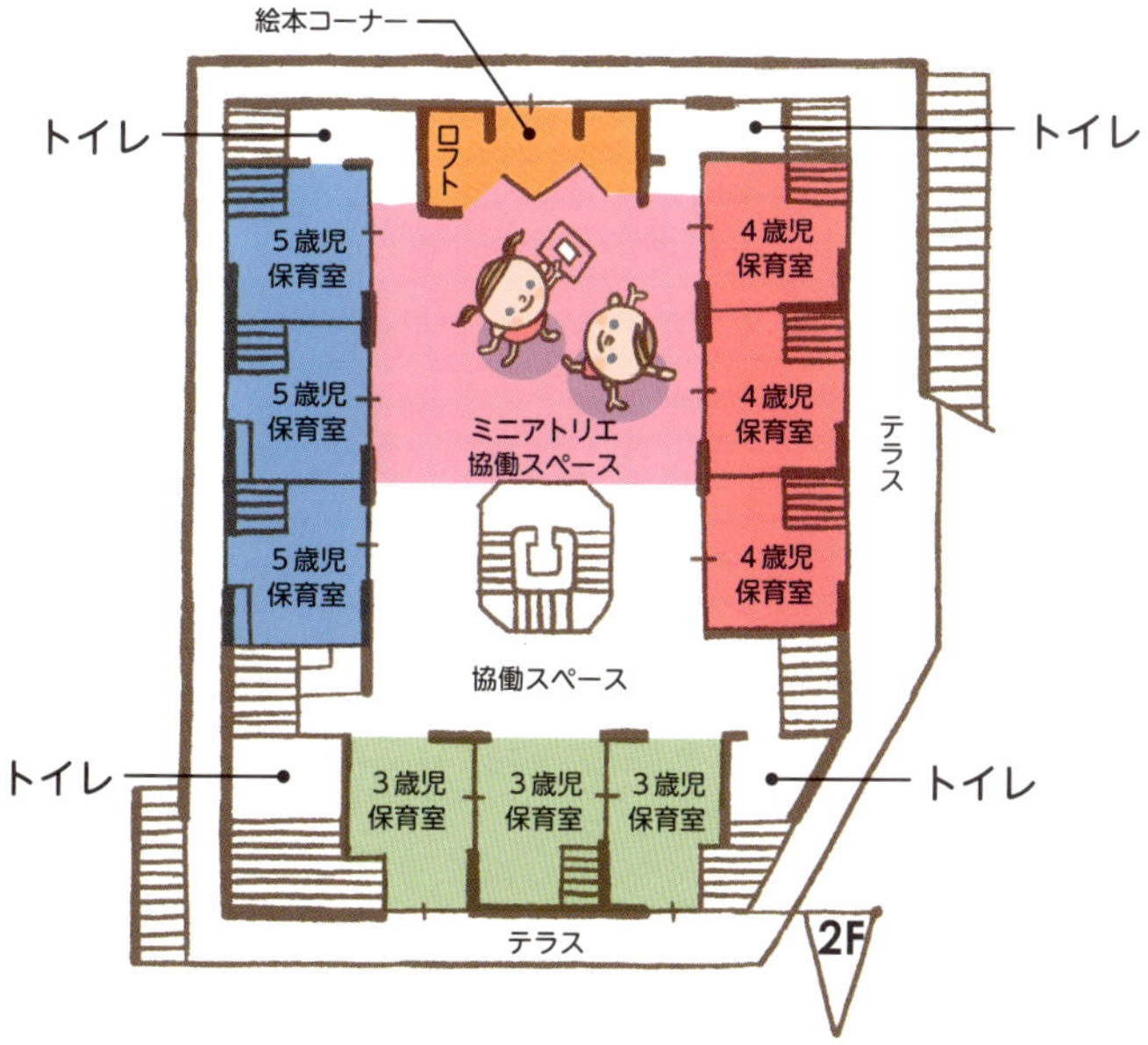

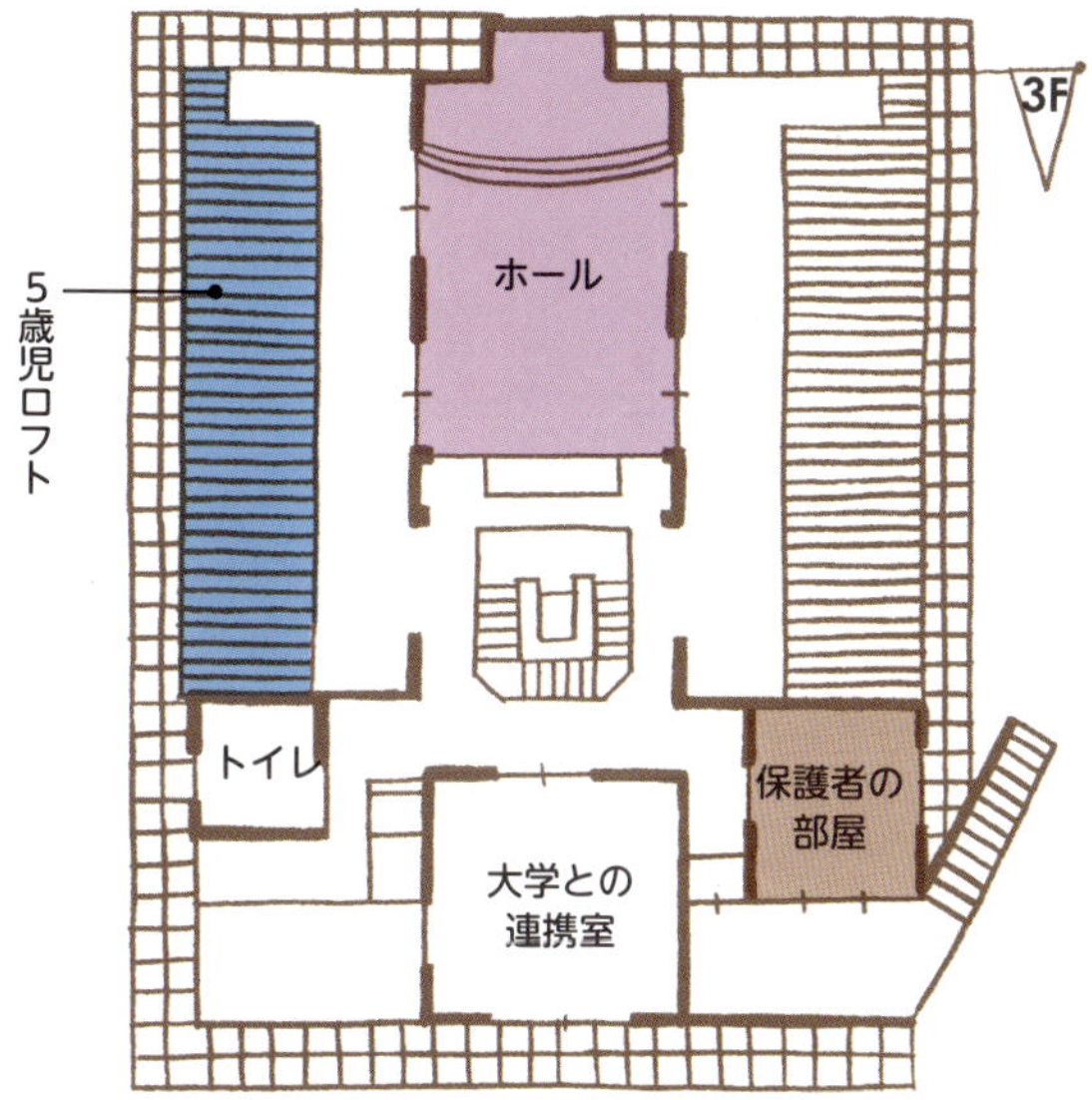

もともとはホールだった2階のスペースも、ミニアトリエに変身。

思い思いに繰り広げられるアートの世界

アトリエ

園舎の1、2階にあるアトリエでは、照沼先生や学生たちの協力のもと、子どもたちが日々さまざまなアートと出合い、作品を作り出しています。

広い空間で、思いっきりアート！

(右) 子どもたちは、さまざまな素材の中からやりたいことを選び、イメージを形にしていく。1階では、広いスペースを利用して大きなもの作りに挑戦。
(上) 2階のアトリエでは、女の子たちがグループに分かれてアート活動。

思いのままに描く！

感じるままに絵筆を動かして製作中。決めごとがなく、自由に描くのが六浦こども園流。どんな作品でも、その子らしさが輝くアートになる。

瞬間の芸術に挑戦!?

砂絵に挑戦中の男の子。アトリエスタッフの学生のアドバイスを受け、試行錯誤しながら頭の中に浮かんだイメージを砂で表現していく。

個性的アートのできあがり！

できあがった作品は、どれもとても個性的。「ほら見て！」「これはね」とうれしい会話が広がる。友だちが作ったものもよく見て、互いに刺激しあう子どもたち。

宮里先生より

自分と向き合う

粘土や木の枝、絵の具を手に取り、何かを始めた子どもたちは、集中した時間をアトリエで過ごします。自分と向き合う時間、大切にしたいですね。

自分の体を使ってアートを表現

手足に色とりどりの絵の具を塗って、手形や足形をガラスにペタペタ押せば、それだけで立派なアート。絵の具のぬるっとした感触や手足にふれるガラスやビニールの感触の違いも、子どもたちの五感を刺激する。

危険を排除するのではなく、正しく使えるようにすることが大切

「危ないから」と刃物を使わせないようにするのではなく、カッターなどを使うときは必ず保育者や学生が見守り、安全な使い方を教えている。

自然が生み出す温かな魅力

小枝だけでなく、マツボックリやドングリなど、園庭で拾った材料が、子どもたちの想像力をかき立てる。

小枝の山は宝の山⁉

子どもたちのアイデアひとつで、さまざまに変身する小枝。かごいっぱいの小枝の中から、自分のイメージに合うものを選び出す子どもの目は真剣そのもの。

材料は細かく分けて整理

コルクなどの小さな材料も、きちんと分けて引き出しに整理。いつでもだれでもすぐに取り出せるよう、わかりやすく工夫されている。

世界で1枚だけの藍染めTシャツ

5月に種まきをして、プランターで育てた藍の葉っぱでたたき染めをしたTシャツ。子どもたちは、運動会でも自分で作ったこのオリジナルTシャツを着て、大活躍。

保護者も関わって作る楽しさにあふれた園庭

園庭

保護者が協力して作った遊具がいっぱいの園庭は、製作とメンテナンスを繰り返し、変化し続ける楽しい空間となっています。

遊びが育む“仲間”と“助け合い”の意識

ひとりでは登れない塀も、仲間がいれば大丈夫。みんなで少しずつ助け合いながら、互いに成長していく子どもたち。

こんな実も！

初めての畑作りに大興奮！

地元の方に協力していただいて、サツマイモ畑のとなりに、自分たちで新しい畑を開拓した子どもたち。土おこしから種まきまで、初めての体験に子どもたちは大興奮。

園庭を流れる小川にはビオトープも

ビオトープでは、さまざまな水生生物が観察できるほか、冬には氷も張り、四季を通して楽しい遊び場となっている。

園庭にドーンと構える巨大な砂場

園庭の真ん中にある大きな砂場は、中にベンチがあったり、砂場が段々になっていたりと、ちょっと変わったスタイル。大きな砂山や砂場の砂は、「お父さんの会」の保護者によってメンテナンスされている。

自分に挑戦！
できたらどんな景色が見えるのかな？

(上)子どもたちは、ひとつの遊具でさまざまな遊び方を考える。はじめはできなかったことが、少しずつできるようになっていくときの達成感は、子どもたちの誇りでもある。

(左) 上に登って、達成感とともに見えるのはどんな景色かな？

大活躍の炊事場

園庭の炊事場は、「お父さんの会」が行うピザ作りやバーベキュー、流しそうめんなどのお楽しみ企画でも大活躍。園の畑で収穫した野菜をここで調理してみんなで食べたり、夏には、園庭にテントを張ってお泊まり会をすることも。

園庭の奥に続く小さな丘は、子どもにとってはかなりの傾斜となっていて、そのぶん登りきったときの達成感もひとしお。高さの違う３つの木棒が、絶妙な位置に配置されていて、子どもたちの遊び心を刺激する。

園庭の隅にある、秘密の遊び場

吊り橋状になった歩道の下には、土管やタイヤが置かれ、まるで隠れ家のよう。狭いところや隅っこが大好きな子どもたちに大人気の遊び場となっている。

保育室の前に広がる０～２歳児専用の庭

０～２歳児の保育室の窓をあけると、テラスと同じ幅ほどの細長い園庭があり、３～５歳児の活発な動きを気にせず、安心して遊べるようになっている。

赤い滑り台がポイントの園庭からの風景

２階の保育室の前には広いテラスがあり、そのテラスから滑り台で園庭に直接降りられるようになっている。

子どもの好奇心がわき立つ個性的な園舎

園舎内には、長時間子どもが過ごすこども園ならではの工夫やしかけがいっぱい。心地よい生活へのまなざしがあります。

発信

園の様子を保護者に伝える掲示板

子どもたちの園での生活を写真に収めて、玄関に掲示。お迎えに来た保護者たちにも一日の様子がわかるだけでなく、ここから親子の会話も始まるきっかけに。

食育

給食の盛りつけやおかわりは自分で

（右）5歳児は、給食の盛りつけを自分たちで行い、好き嫌いや偏食によって料理を選り分けたりせず、好物もみんなで公平に分けることがわかるようになる。

（左）その日の給食は、玄関ホールに掲示して、保護者が見られるようになっている。

着脱

保育室の上にも遊び場が！

（下）5歳児の保育室には、ネットを張りめぐらせたロフトが設置されていて、子どもたちの格好の遊び場になっている。

(左)ロフトに上がるときは、上ばきを脱いで。脱いだ上ばきは、きちんとそろえて整理整頓。

睡眠

3歳児はロフトでお昼寝

3歳児の保育室にある隠れ家のようなロフトは、午睡専用のスペース。静と動のスペースをはっきり分けることで、生活にもメリハリがつき、ぐっする眠れる効果が。

宮里先生より

光のさし方

どのスペースにも趣の違う表情があります。光のさし方にも違いがあります！　自園の環境も見直してみましょう。

ステージのようなプレイスペース

段差があって、ステージのように高くなったプレイスペースや、棚やついたてで細かく空間を区切られた、2歳児の保育室。それぞれの生活スペースを区切ることで、生活にメリハリと落ち着きをもたせている。

まるで自分の家のようなスペースも

1階のランチルームの奥には、ぬいぐるみの置かれたベッドやドレッサーなど、自分の部屋のようなスペースが。着替え用の衣装もいろいろあって、リアルなごっこ遊びを体験できる。

心地よくくつろげるコーナー

(右) 2階奥の絵本コーナーには、カーペットが敷かれ、子どもたちが座ったり、ときには寝転んだりしながら本を読むことができる。
(下) 狭い空間を上手に利用した隠れ家のようなスペースもあって、子どもたちの好奇心をそそるしかけになっている。

「やりたい」が広がる教材室

お茶の水女子大学附属幼稚園

（東京都文京区）

宮里先生より

多様な素材と出合える「教材室」

日本で官立として最初にできたこの幼稚園では、子どもたちの主体性を大切にした保育が、大切に営まれています。その精神は、環境のいたるところに垣間見られますが、なかでも園舎の中央部に位置する「教材室」には、「自ら育とうとするものを育たせようとする」精神が強く感じとれます。子どもたちは、自分のイメージに合う材料を探しにやってきて、そこでまた新しい素材と出合い、やってみたいことが広がっていきます。

昭和７（1932）年に建てられた園舎は「有形文化財」に登録されている、歴史ある建物。

子どもの「やりたい」を引き出す教材室

朝のあいさつとうがい・手洗いをすませると、お弁当の時間以外は自分の好きな遊びを選んで一日を過ごす、園の子どもたち。室内、園庭、廊下、遊戯室など、園内を自由に動きながら、自分の「やりたいこと」を見つけていきます。

そんな子どもたちの「やりたい」気持ちを大切にし、製作の部分で後押しするのが、「教材室」です。作りたいものがある子は、保育者に声をかけて一緒に教材室へ向かい、自分のイメージを具現化する材料を選び出して、好きな場所で製作にかかります。特にイメージがないまま、なんとなく友だちについてきた子も、ちょっといいものがあるから、あれをもらっていって何か作ろうかな、と製作意欲を刺激され、いつの間にか一緒に材料を探し始めます。

「やりたいことがぼんやりしている子も、教材室に魅力的なものがいろいろあることで、やりたいことがはっきりしてくる」と語る、副園長の上坂元絵里先生。突然生まれる子どものイメージに寄り添うためにも、保護者の協力も得ながら、できるだけ多種多様な材料を用意するようにしているそうです。

そして、たくさんの材料の中から自分が選んで作りたいものができたという満足感は、さらに子どもたちの「やりたい」を引き出すことにもつながっています。

遊戯室では、5歳児を中心に大きな積み木やブロックを使って、思い思いの場や作品を作って過ごす。

園はお茶の水女子大学のキャンパス内にあり、緑に恵まれた環境となっている。

園舎の中央に広くて長い廊下があり、そこは遊びの場にもなる。

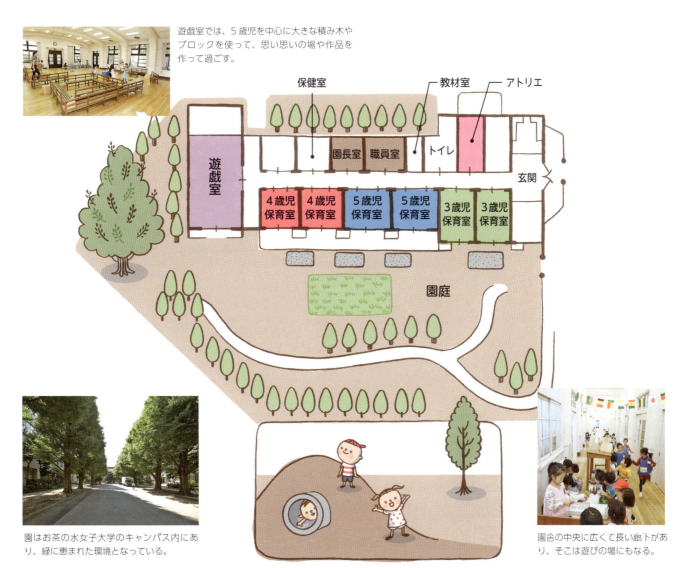

部屋いっぱいの“宝の山”が子どもたちの想像力を刺激する

教材室

教材室には、子どものイメージの実現を保証するため、常にできるだけ多種多様なものを備えているそうです。子どもたちは保育者と、好きな材料を選んだら、保育室や廊下など思い思いの場所で製作しています。

迷ったり、悩んだりするのもイメージをふくらませる大切な時間

自分のイメージを保育者に伝え、形にしていく子どもたち。イメージを実現していくため、あれこれ迷ったり、細かな調整をする姿もある。牛乳パックや紙箱などの廃材は、保護者からの協力によって常に補充されている。

半透明の収納ケースは、中に入ったさまざまなものが外から見え、わかりやすく、美しく収められている。

ひとりの「やりたい」が みんなの「やりたい」に

アニメ映画のキャラクターに憧れて、紙袋の持ち手を肩ひもに見立てるところから始まったドレス作りは、「素敵だね」と周囲の子にも伝わり、みんなの工夫で立派なドレスとなって、園で大流行。廊下も製作の場に。

それぞれの製作時間が育むもの

ひとりでコツコツ製作にかかりきりになったり、友だちと一緒におしゃべりしながら、顔をのぞかせて写真を撮る看板を作ったり……。取り組み方は違っても、こうした時間が子どもたちの「やりたい」気持ちを育んでいく。

みんなで町を作ろう

「ぼくも家を建てる」と、それぞれの家が次々にできて、町のようになってきた。「公園を作るといいね」とイメージが広がる。

お気に入りのぬいぐるみを自分の引き出しにしまっていた４歳児。「おうちを作ってあげるといいね」という発想が生まれ、製作につながる。

子どもたちが自ら遊び出せるように

室内・園庭

周りの環境をフルに活用して、元気に遊ぶ子どもたち。園内には、そんな子どもたちをあと押しする、さまざまな工夫があります。

自由に使える広々としたスペース

積み木やブロックが用意された遊戯室では、広いスペースを使って子どもたちが思い思いの遊びに取り組んでいる。

お誕生日表は子どもたちと保育者の合作

４歳児のお誕生日表は、生まれ月のヨットに自分で描いた似顔絵を乗せて、一緒に海に出て行く仲間をイメージ。

たたみのスペースでひと息

４歳児の保育室の片隅にあるたたみは、ままごとに大活躍。

歯医者さん、開業中

積み木で仕切った診療室では、保育者が患者となって歯医者さんごっこの最中。助手だってちゃんといます！

アトリエでは催し物も開催中

多目的室となっているアトリエには、「むしけんきゅうじょ」の張り紙が。中には、子どもたちの描いたいろいろな虫の絵が飾られていた。少し前に、専門家の協力で、虫の標本が展示されていたそう。

図書室を兼ねた保健室

保健室は、半分が図書室機能のスペースになっている。ソファやテーブルを置いて、子どもたちが怖がらない、親しみやすい雰囲気に。

宮里先生より

子どもの香り

写真から伝わってくるのは、遊び込んでいる子どもたちの息づかいです。小さな張り紙の一つひとつに。「やりたい」がいっぱいですね！

自然の中で思いきり遊べる園庭

(右)園庭には、大いちょうの木も。
(左)お山の築山。子どもたちは登ったり駆け降りたりして遊ぶのが大好き。

宮里先生より

起伏が大事！

起伏のある場所は、子どもたちの心を引きつけます。登ったり下りたりする中で、体も心もはずみます。土を盛り上げて山を作ってみましょう。子どもたちの歓声が聞こえてきませんか。

お山に登っていく道にウキウキ、体もはずむ。

砂場で思いきり泥んこに

園庭には4つも砂場がある。水道からといを渡して、砂場に水を流し込み、大きな池が完成！「ここに池を作りたい」という子どもたちのやる気に、といを置くことで応えている。

こんなにとれたよ！

園庭の小さな畑で、いろいろな野菜を栽培している。トウモロコシやトマトを収穫して、うれしそうに見せてくれた。

自立心が育つことの楽しさが感じられる園での生活

「自分のことは自分でする」子に育つように、毎日の生活の中でも、子どもの自主性を大事に育む配慮が随所に見られます。

食育

みんなで一緒が「食を楽しむ」を育む

お弁当の時間、座る席を決めるのも子ども自身。5、6人ずつで机を囲んで「いただきます」。

4・5歳児になるとおはしをしっかり使うようになってくる。

発信

ホワイトボードの連絡帳

保護者への連絡は、靴箱の上に置いたホワイトボードで。見やすい高さにあることも◎。

着脱

ちょっとした工夫で簡単に気持ちよく

子どもたちが外遊びを終え、上ばきにはき替えると、保育者が外遊び用の靴を入れた靴箱をガサゴソ振って、砂落とし。靴箱の裏に少し隙間をあけることで、靴の中に入った砂利を一気に落とすことができる、アイデア靴箱。

片づけの中で体験すること

ひとりで持てない大きな積み木は友だちと一緒に運んだり、ブロックは色ごとに分けてしまったり。

自分たちできちんと片づけることで、整理整頓の習慣が身につくように。

生活の流れの中で手洗い・歯みがき

自分のやりたい遊びを存分に楽しんだ子どもたち。生活の流れの中で、昼食前後の手洗いや歯みがきを進んで行う。一緒になった友だちとリズムを合わせて。

子どものプライバシーを尊重したトイレ

真っ白で広々としたトイレは、落ち着いた雰囲気。個室には扉がつき、プライバシーが守られる。

木工室でもままごとでも「本物」を使う

東洋英和女学院大学付属 かえで幼稚園

（神奈川県横浜市）

宮里先生より

トントンと金づちの音が響く

のこぎりや金づちを使う大工仕事は、子どもたちの憧れです。トントンと釘を打つ音がすると、あっという間に子どもたちが集まってきます。かえで幼稚園には、そんな大工仕事を集中して行える、小さくて素敵なおうちがあります。こびとの靴屋さんの工房のような雰囲気がただようその場所には、作りかけの作品が置いてあったり、木工道具がきれいに整頓されて置かれていて、そこにいるだけでわくわくするスペースです。

看板の下に置かれたいすが、子どもも大人も温かく迎えてくれる園の玄関。

小さなけがを恐れず、子どもに〝一生の力〟を

子どもたちがのこぎりや金づちを使いながら、木と向き合う木工室。何週間もかけて自分だけのドールハウスを作っている子、あるいはくりこぎりのこつを覚えて、木に穴をあけるのが楽しくてしかたがない子など、目的はそれぞれ。保育者は、一人ひとりの子どもの技術を正確に把握して、「ちょっと高めの目標だけどこのくらいなら大丈夫」というところを考えながら見守ります。

入園してから数か月間、3歳児はガラス越しにお兄さんやお姉さんたちが楽しそうにしている様子をじっと見ながら、道具の使い方を知ります。園庭で、釘打ちを練習しながら「釘がまっすぐ打てるようになったら、木工室に行こうね」と話しています。

こうした〝見ている時間〟も、子どもたちにとっては遊びであり、体験だと考える園長の大《おお》漉《すき》知子先生。木工にはつきもののけがについても、「小さなけがをすることは、大きなけががから自分を守ることにもつながるので、小さなけがをあまり恐れ過ぎないようにしたい」と語ります。

紙より抵抗感があり、思い通りにいかないこともある木との取り組みの中で、時間をかけて自分で「これでよし」と思ったときに得られる深い満足感や、ひとつのことにじっくり取り組む体験が、子どもたちの一生の力になるでしょう。

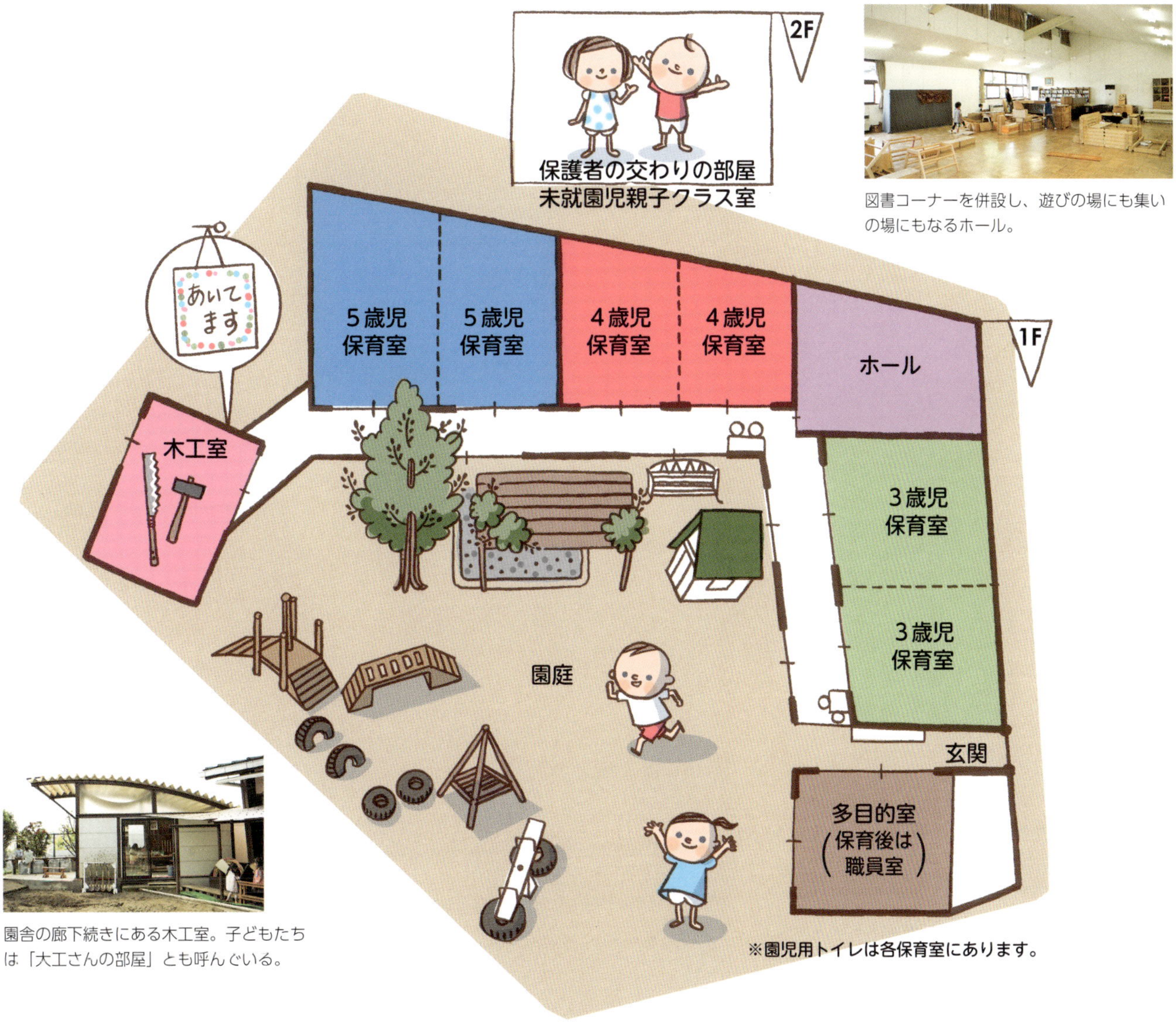

※園児用トイレは各保育室にあります。

図書コーナーを併設し、遊びの場にも集いの場にもなるホール。

園舎の廊下続きにある木工室。子どもたちは「大工さんの部屋」とも呼んでいる。

子どもたちの思いを形にする“大工さんの部屋”

木工室

保育者が見守る中、金づち、のこぎり、くりこぎりなど、木工室で使える道具が増えていくことで、子どもたちの世界も作品の幅も広がります。

“大工さんの部屋”あいてます

遊びの時間に自由に出入りできる木工室。なかには早く昨日の続きがしたくて、朝いちばんでやってくる子も。

真剣に木と向き合う時間

のこぎりがまっすぐひけなかったり、釘が曲がってしまったり……。ときには折り合いをつけたり、やり直したり、またすり傷になることもあるけれど、自分で考え、時間をかけてひとつのことに取り組む体験が、子どもたちの自信となり、力となっていく。

宮里先生より

道具が喜んでる

大事な道具が大事に並んでいる。大切にされて。そのことからも伝わってくることがあります。環境の役割です。

ぬくもりを感じる作品たち

窓際に並べられた子どもたちの作品は、おもちゃや人形、乗り物など、どれも温かみのある仕上がりとなっている。やすりは、目の粗いものから順番に①から④までの番号をふった箱に入っている。

おしゃべりしながら手を動かす

のこぎりで自分の好きな大きさに切った木片は、やすりをかけてみがいていく。目の粗いものから徐々に目の細かいものへとやすりを替えながら、自分が満足するまでみがき続ける子どもたち。木工室の横のベンチで作業をしながらのおしゃべりも、楽しいひととき。

見守られている安心感

迷ったり、わからないところは、その日の木工室担当の保育者に相談しながら進めていく。道具の使い方を教わるだけでなく、こうした細かなコミュニケーションが子どもたちに安心感を与え、さまざまな力を育てていく。

作品に合わせて使う道具もそれぞれ

子どもたちは、自分で木を選び、道具を取り出して、イメージを形にしていく。3歳で釘打ちを始め、のこぎりをひき、5歳になると電動糸のこぎりも使いこなす。写真のように、くりこぎりを使いこなす子も。

保護者が作った遊具が子どもたちを見守る園庭

園庭

手作りの遊具や木登りの木、畑、果実のなる日よけの棚……。園庭には子どもたちの大好きなものや自然があふれています。

愛情たっぷりの手作り遊具

園庭にある木の遊具は、いずれも歴代の保護者たちが子どもたちのために手作りしたもの。年に数回、週末に保護者が園に集い、作業をすることで、保護者同士のヨコのつながりも生まれてくる。

小さくても楽しい畑

園庭にある畑では、小さいながらもミズナやサツマイモなど、数種の野菜を栽培。子どもたちが育てる体験、土にふれる体験、収穫の喜びを楽しむ。

宮里先生より

作り手がいる園庭

作り手がいる園庭には、変化していく魅力があります。自分たちのために作られた遊具で遊ぶことは、子どもたちにとって大きな喜びです。作り手の顔が見える園庭には、そのような温かさがあります。

ブドウとキウイが実る棚

砂場の脇の棚には、ブドウとキウイが植えつけられ、季節ごとに果実が実る、ちょっと不思議な癒やしの空間となっている。

創造力と想像力がふくらむ手作りの小屋

ごっこ遊びやかくれんぼ、ときには中でちょっとひと休み……と、その時々で表情を変える小屋。今日もいろいろな遊びの舞台となって、子どもたちの生活にいろどりを添えている。

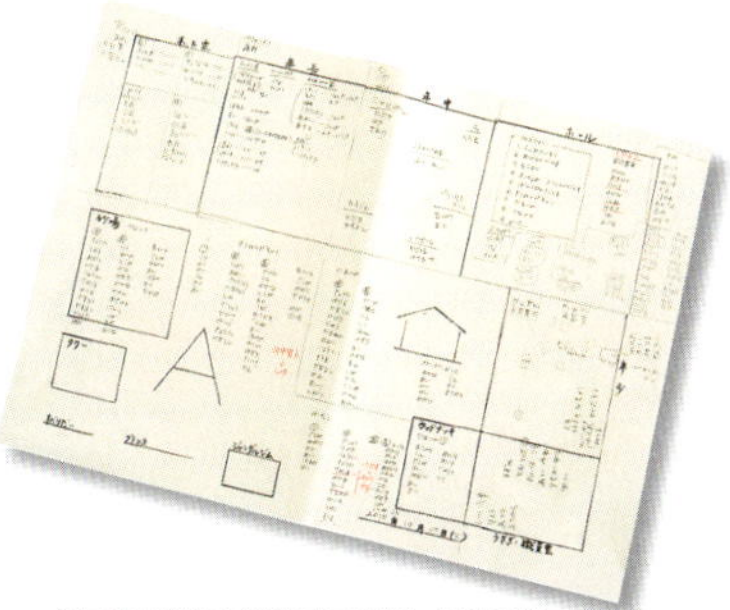

今日はだれがどこでどんな遊びをしていたか、保育者が記録した紙を子どもたちの降園後つなぎ合わせ、園の一日の記録を作る。これを続けていくことで、遊びや友だち関係などを把握し、支えることができる。

ままごとも本物志向

保護者手作りの調理台の棚には、本物の包丁やフライパンが並び、子どもたちは手慣れた手つきで包丁を操る。「小さなけがを恐れず、道具を自分の手の延長のように使える」ことを保育者が見守る中、こうした体験が子どもの楽しさと生活力を深めていく。

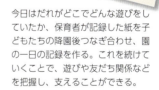

保育室で子どもが自分から動き出したくなるアイデア

子どもが安心して主体的に過ごすための環境が大切です。保育者たちは常に子どもの立場に立って吟味し、子どもを理解しながら、環境を整えています。

遊びの合間に、各自で水分補給

（左上）お誕生日会で食べるゆで栗。自然の甘さにびっくり。

（上・左下）元気に遊ぶ子どもたちにとって、水分補給は欠かせないもの。各保育室にはお茶を用意して、お弁当の時間以外でも好きなときに飲めるようにしている。

ホールでダイナミックに遊ぶ

組み木や積み木を使って、みるみるうちに自分の世界をつくり出す子どもたち。みんなで協力して大きな通路とトンネルを作った。どんなに広がっていても、集まりの時間の前には片づけ。あっという間にホールは元通り。

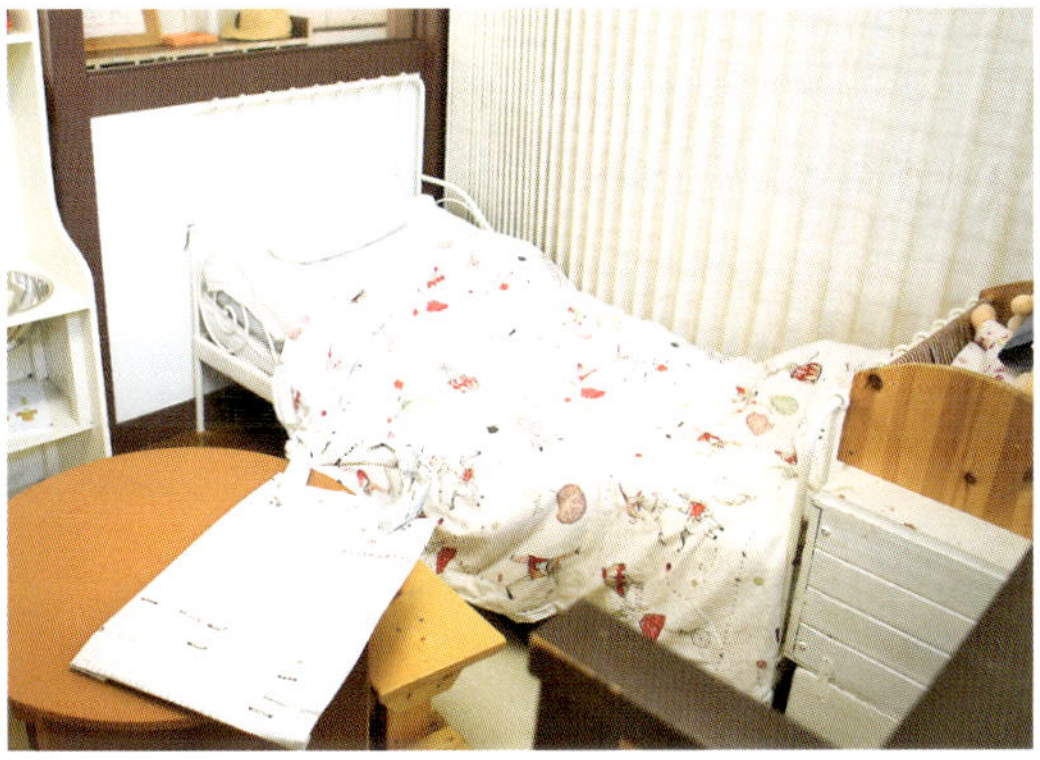

ままごとの場には本物のベッドやテーブルが！

本物のベッドや棚を置いたままごとの場。一つひとつの道具や素材が、ごっこ遊びを豊かに支える。

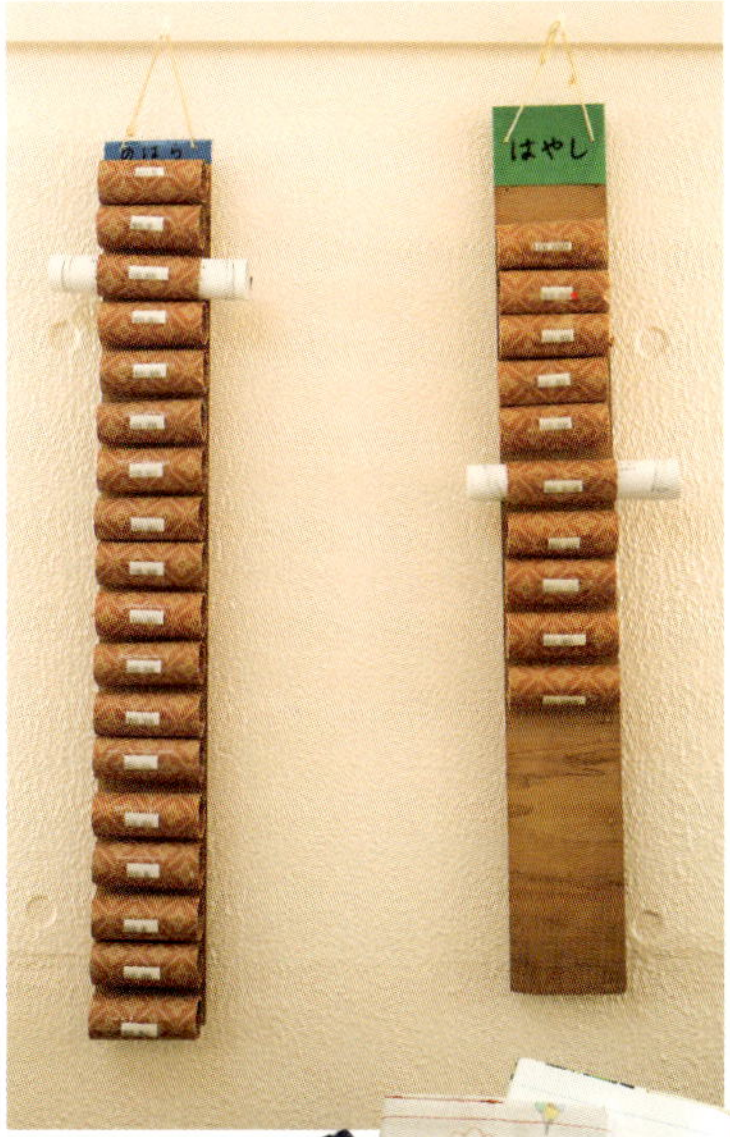

廃品利用でひと工夫

（左）玄関のところにある保護者へのお知らせホルダーは、トイレットペーパーの芯に紙を貼ってつなげたアイデアグッズ。出し入れも簡単。

（下）「譲ります・探しています」のノートを使って、保護者同士の情報交換も。

発信

世界にひとつだけの連絡帳

保護者が思い思いの布や刺繍で表紙をつけた連絡帳。保育者と保護者との連携のひとつ。

３歳児の保育室に置かれた、さまざまな色や形の色紙。書かれた線の通りに切って広げると、リンゴやキノコに。まだはさみがうまく使えない子どもたちに、楽しみながらはさみの体験ができるように工夫したもの。

これは何かな？

いろいろ形を変える木枠に紙の飾りをつけて、子どもが作ったのは、「鳥の巣」。保育者も、茶色い布を巻いて鳥になっている。

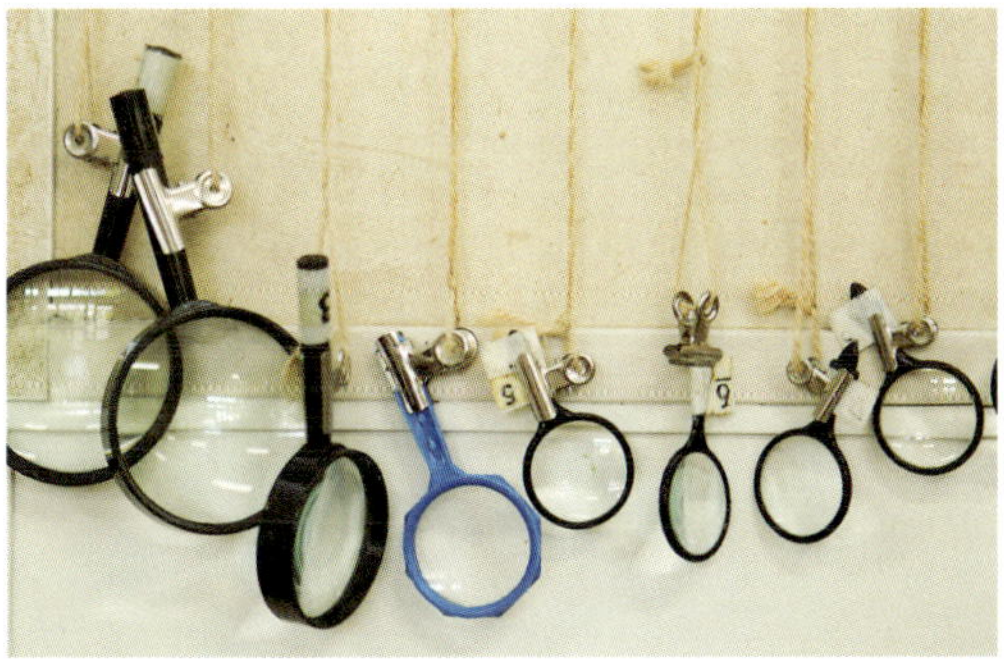

子どもの手が届くところに道具や素材を置く

子どもたちが使う虫めがねも、クリップですぐに使えるところにまとめてスタンバイ。

小学生ボランティアが大活躍する「風の時間」

ゆうゆうのもり幼保園

（神奈川県横浜市）

宮里先生より

時間帯によって空気の色が変わる

認定こども園の先駆けである「ゆうゆうのもり」。在園時間が異なる子どもたちがともに過ごすこども園において、教育時間（光の時間）とその後の時間（風の時間）は、どうつながり、どのように独自なのか。「家庭的な雰囲気でくつろいで過ごす」といわれる教育時間後の保育は、どうあったらいいのか。重要で困難とも思える問いに対して渡邉英則園長先生が出した答えとは……。

閑静な住宅街に立つ園舎。

児童と園児が互いに成長できるボランティア

「小学生ボランティア」というユニークな試みで、幅広い年齢の子どもたちの交流を図っている「ゆうゆうのもり幼保園」。小学生になった卒園児が放課後やってきて、ドッジボールやかけっこ、折り紙、製作など、思い思いの方法で園児たちの遊びをサポートするボランティアは、2018年で10年目を迎えます。

もともとは、園児たちが小学生とふれあうことでいろいろなことを教わったり、刺激を受けたりするだろうと始めたことですが、実際に行ってみると、小学生にとっても年下の子の面倒を見ることで、年長者としての自覚や自信がもてる、とてもよい経験となっています。高学年になるとクラブ活動などもあって数は減っていきますが、なかには6年間通い続ける子もいて、1年生から6年生までの登録者は約150人を数えます。

園では、今までの幼稚園、保育園の枠を超えて子どもが子どもらしく育つことを第一に考え、子どもを「預かるだけの保育」にしないためにも、通常の保育時間を「光の時間」、預かり保育の時間帯を「風の時間」と呼んでいます。幅広い年齢の子どもたちと交流できる小学生ボランティアとの関わりは、園で長い時間を過ごす〝風っ子〟(「風の時間」の子どもたち)にとって、とても楽しみな時間となっています。

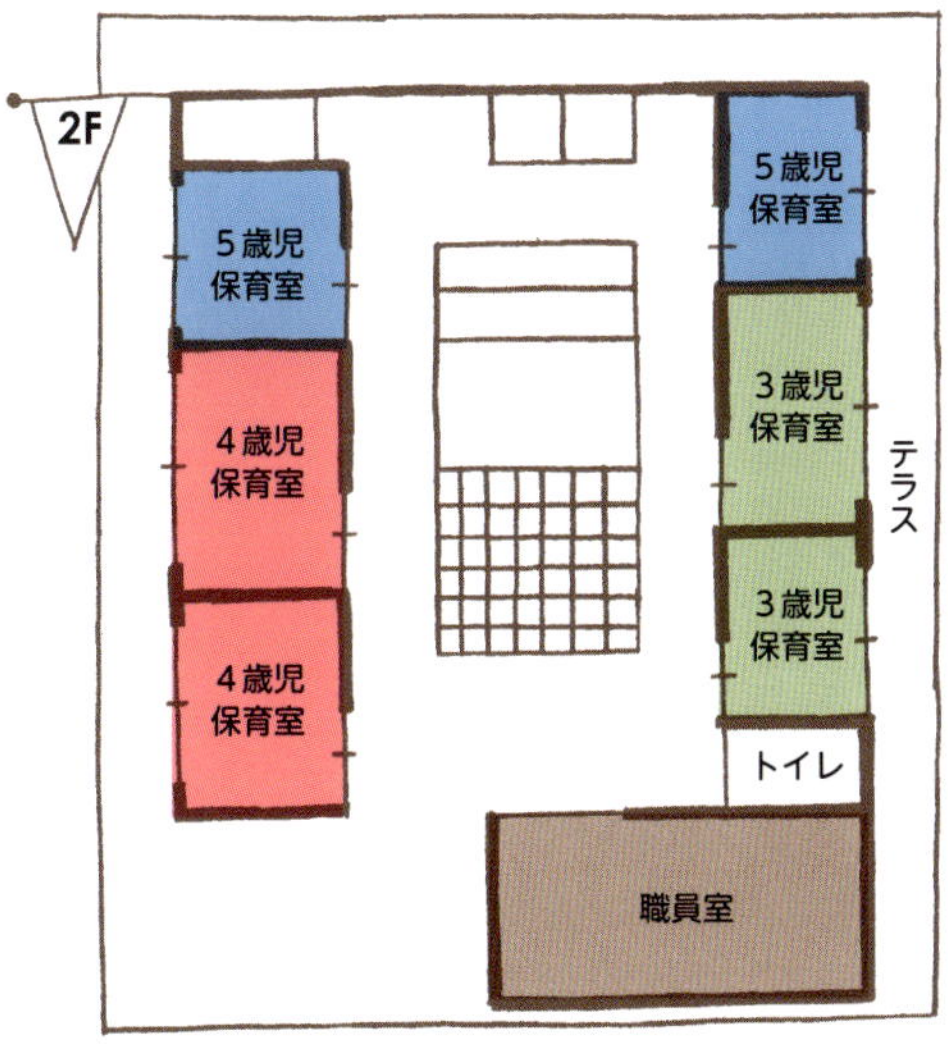

園では年間を通しさまざまな行事が行われている。左は、12月の発表会での5歳児の様子。

ホールから2階に続く秘密の階段。こうした遊び心いっぱいのしかけがあちこちに。

異年齢の子とともに過ごす貴重な時間と空間

小学生ボランティア

今日はいったいどんなことをして遊んでくれるかな？預かり保育の“風っ子”たちは、小学生ボランティアと遊ぶのが大好きです。

小学生ボランティアは、みんなのリーダー

園児にとって小学生のお兄さんやお姉さんは、いろいろなことを教えてくれる頼もしいリーダーであり、自分にはできないことも軽々こなす、身近なヒーロー、ヒロイン。小学生にとっても園児たちとの交流は、社交性やリーダーシップを身につける、またとない機会となっている。

休憩時間も園児を気づかう“お兄さん”

遊びに疲れたら、お茶やおやつでひと息。そんなときも、保育者と一緒に園児の様子を気づかい、“お兄さん”らしさを発揮。

いつの間にか輪の中心に

小学生ボランティアの周りには、自然と園児が集まってくる。作業をしながらのなにげない会話も、園児たちには楽しい時間。

異年齢との交流がつなぐ、タテの絆

０～５歳児が生活をする園では、異年齢の子と一緒に遊ぶことも多いが、やはり小学生は特別な存在。小学生ボランティアとのふれあいのなかから、子どもたちはさまざまなことを学んでいく。

保育者と友だちの間の存在

園児にとって、小学生ボランティアは保育者のようにいろいろなことを教えてくれながらも、自分たちにとても近い存在。憧れと親しみの対象となっている。

楽しいしかけがいっぱいの空間で子どもの主体的な行動を引き出す

好奇心を刺激するホールやネット、発達に合わせて遊べる園庭、子どもの自主性を伸ばすおやつカードなど、楽しみながら主体性を引き出すしかけが満載です。

子どもたちが思いのままに遊べる大ホール

園舎の中央を貫くホールは、園庭に続く広々とした明るい空間。子どもたちは思い思いの場所に陣取って、自分のやりたいことを始める。

室内にブランコ!?

ネットから垂らしたロープをブランコに。下には安全のためにやわらかいマットも敷かれている。

ホールの中央に材料置き場を用意

思い立ったらすぐに製作に取りかかれるよう、ホールの中央に空き箱や牛乳パックなどの素材や道具をそろえた材料置き場を設置。子どもたちが、自由に材料を選べるようになっている。

用途を限定しない自由な空間

絵本の部屋に入りきらない絵本を集めたコーナー前で、絵本を広げる子どもたち。奥の階段上は小部屋になっていて、思いつき次第で自由に遊べるようになっている。

遊び方は自由自在。雨の日でも思いきり遊べる巨大ネット

ホールの上に張られた巨大ネット。子どもたちは、高いところをものともせず、遊びたくなると保育者と一緒にネットに上り、大喜びで遊び始める。年齢制限はない。

光に向かって登っていく大階段

ホールから2階に上がる大階段には、たくさんの丸い穴があいていて、のぞき込むと向こうが見える、楽しい空間。また、ホールで催し物をするときには客席にもなる、多機能スペースとなっている。

給食やおやつは、すべて手作り！

給食と３時、６時半過ぎにあるおやつは、子どもたちに安全で健康的な食を提供できるよう、すべてランチルームの横にある調理室で手作り。この日の３時のおやつには、腹もちのよいおにぎりが用意されていた。

食育

宮里先生より

風が流れている

夕方、「風の時間」に園を訪れると、写真のような光景が繰り広げられています。子どもも保育者も、ゆっくりとくつろいで。地域に流れているのと同じ風がここに吹いているように感じます。

おやつはカードで管理

子どもたちが自分の好きなときに食べられるように、おやつは自分で書いたカードで管理。おやつを取る前に、かごに入った自分のカードを取り出し、ワゴンの下の棚に置くことで、かごに残ったカードを見れば、まだ食べていない子がひと目でわかるしくみとなっている。

さまざまに変わるランチルーム

（上）広々としたランチルームは、状況に応じていろいろなレイアウトに対応可能。
（右）「風の時間」は、ランチルームでおやつ。天気のいい日は外で食べることも。

子どもたちを引きつける高低差

（左）子どもたちは、風景が違って見える高低差のある場所が大好き。坂を往復しながら、今までとは違う新たな風景を楽しむ。

（右）吊り橋で体に伝わる振動をスリルとして楽しみながら、自然にバランス感覚を身につけていく。

子どもの発達に合わせた乳児園庭

ワームのように曲がったトンネルや、丸い砂場など、０・１歳児でも楽しめるように設計された「乳児園庭」。子どもたちの発達に合わせてみんなが楽しめるように、園庭がそれぞれおもむきの異なる４つのパートに分かれている。

宮里先生より

絵本と子どもとの関わりを大切にして

「大好きな人に絵本を読んでもらうとき、子どもの心が満たされ安定し、お話の世界をいきいきと受け止めます。静かに語られるお話に、子どもの心が揺れ、震え、弾み、躍る…その体験が、やがてこの世をしなやかに生きる原動力になっていくー」（『新100冊の絵本』／みなと幼稚園発行）。絵本と子どもと保護者をつなぐ保育の営みを大切に続けている園を紹介します。豊かな保育実践です。

子どもの想像力を伸ばす「本のへや」

みなと幼稚園

（東京都港区）

保育室から見える木々が、安らぎを感じさせてくれる。

貸し出し日が待ち遠しい「本のへや」

毎週金曜日になると、貸し出しカードを手にした子どもたちが集まる「本のへや」。入口には、季節のテーマに合わせて選んだ絵本が並びます。この日は、十五夜に合わせて「お月さま」や「秋」にちなんだ絵本が並べられ、子どもたちはお月見などのお話を聞いてから、お気に入りの本を選び始めます。

ストーリーを読み解く力や想像力を育む絵本は、子どもたちの発達にはなくてはならないもの。およそ50年前にこの部屋を作った前任者からその思いを受け継ぎ、「本のへや」の専任となった三浦郷子先生は、「できるだけ多くの子によい本と出合ってもらうためにも、流行の本には飛びつかず、子どもの心を揺らすような本を選びたい」と語ります。

毎年5月の4歳児の保護者会では、絵本についての話をし、「子どもは絵を見て、読んでもらった文章を聞いて楽しむので、貸し出しが始まって、おうちに絵本を持って帰ってきたときは、必ず大人が読んであげてください」と伝えているそうです。「本のへや」を出たあとも、担任が保育室に戻った子どもたちと絵本の話をする時間や、保護者に家で読みきかせの時間をつくってもらうなど、担任の保育者や保護者とも連携しながら子どもと絵本との時間が生活の中で根づき、続いていくように配慮しています。

「本のへや」の入口は、子どもたちがいつでも本の世界に入っていけるように開かれている。

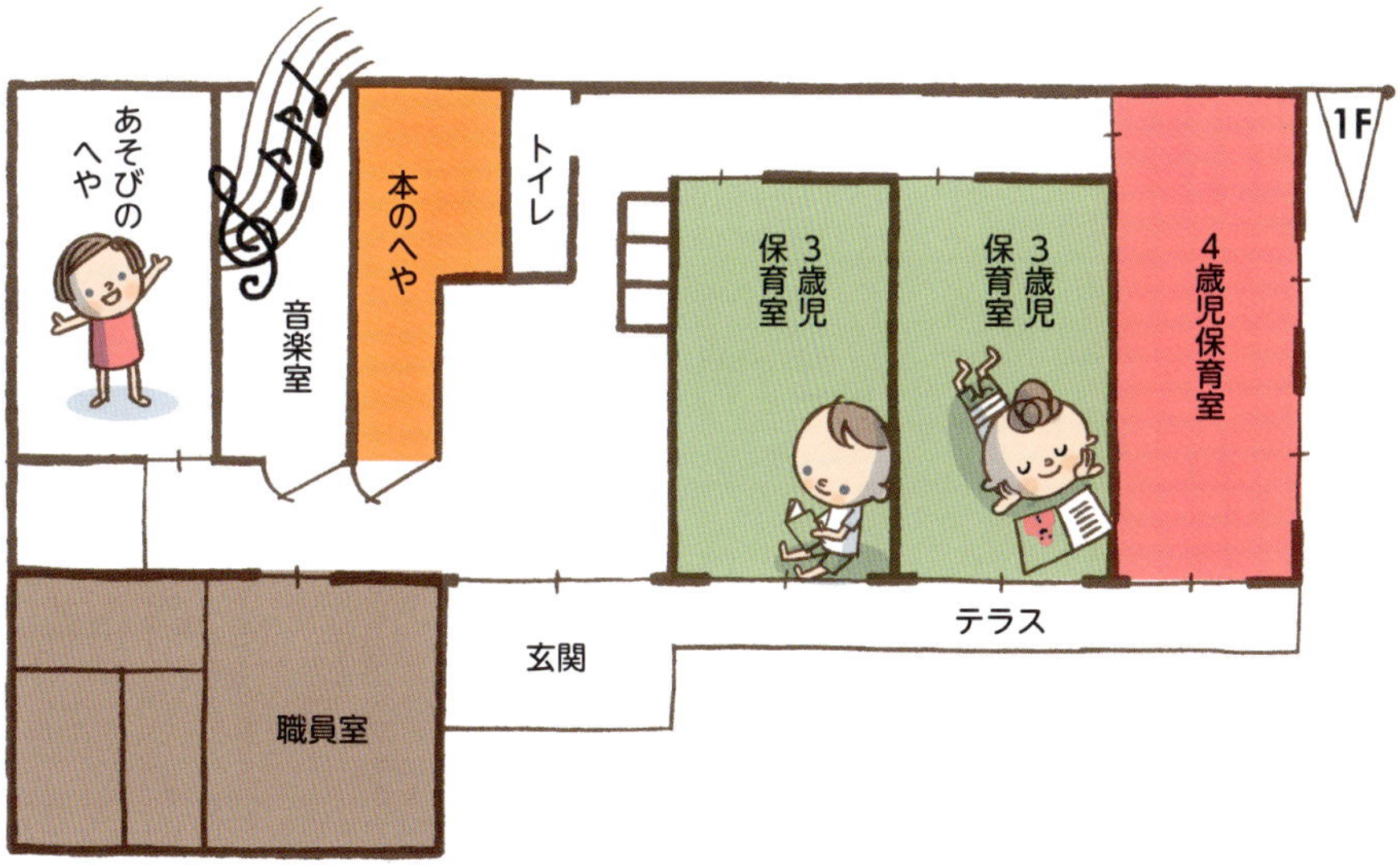

裏庭には、ナスやキュウリ、ダイコンなど、季節に合わせた野菜を栽培する立派な畑が。畑の周りの樹木からも、モモやビワなどが収穫できる。

小さな部屋から広がる無限の世界

本のへや

本の貸し出し日には、子どもたちは順番にクラスごとに、本のへやにやってきて、30分ほどかけて好きな本を選びます。

わくわくする本のへや

子どもたちにとって、本のへやは“ちょっと特別な部屋”。
いつでも自由に入れるものの、貸し出しの日はやっぱり楽しみ。

本選びのヒントに

本選びを始める前に、三浦先生がテーマにちなんだ話を4、5分し、子どもたちが興味をもちやすいようにしている。

入口には、テーマに合わせてセレクトした絵本がずらり

部屋に入ると、テーマにちなんで選ばれた絵本が並ぶ。今回のテーマは「お月さま」と「秋」。

宮里先生より

選ぶ時間

たくさんある本の中から、今日の1冊を選ぶ。子どもたちの目の真剣なこと！　保育者の話や豊富な本の量が、選ぶ気持ちをさらにふくらませているようです。選ぶ時間、大事ですね。

ときには友だちと相談しながら…

なかなか本が決まらない子は、友だちの意見を参考にしたり、相談しながら本を選ぶことも。

クラス別のカード

クラスごとで色の違う貸し出しカード。このカードが埋まっていくのも、子どもたちの楽しみのひとつ。

貸し出しカードを書いてもらって貸し出し完了！

選んだ本を三浦先生のところに持っていき、貸し出しカードを書いてもらう。きょうはどんな本を選んだのかな？　選んだ本の話をしながら、図鑑ものばかり続く子にはさりげなく物語をすすめるなど、三浦先生は子どもが選んだ本の内容にも気配りをする。

これがいいかな？

あっという間に子どもたちを別世界に引き込む絵本。部屋のあちこちで、絵本を選んでいるうちに夢中になってページをめくり始める子の姿が。

保育室でも、絵本を読む習慣

絵本を借りたあとは、すぐに次のことに移るのではなく、子どもたちがどんな本を借りてきたのかを聞いたり、ほかの子に教えたりして、その本を選んだ子どもの気持ちを大切に。ときには１冊をとりあげて読んだりしながら、一人ひとりが選んだ本と向き合う時間をもつようにしている。

都会の真ん中でも自然や生きものにふれる生活

ビルやマンションに囲まれた畑で野菜や果物を収穫し、園庭や保育室で生きものの世話をして自然の営みにふれることで、読書とともに子どもたちの「生きる力」を育てます。

園のシンボル・メタセコイア

園庭の中央にある、メタセコイアの木。春の新緑、秋の紅葉など、四季折々の姿を見せながら、子どもたちを見守っている。

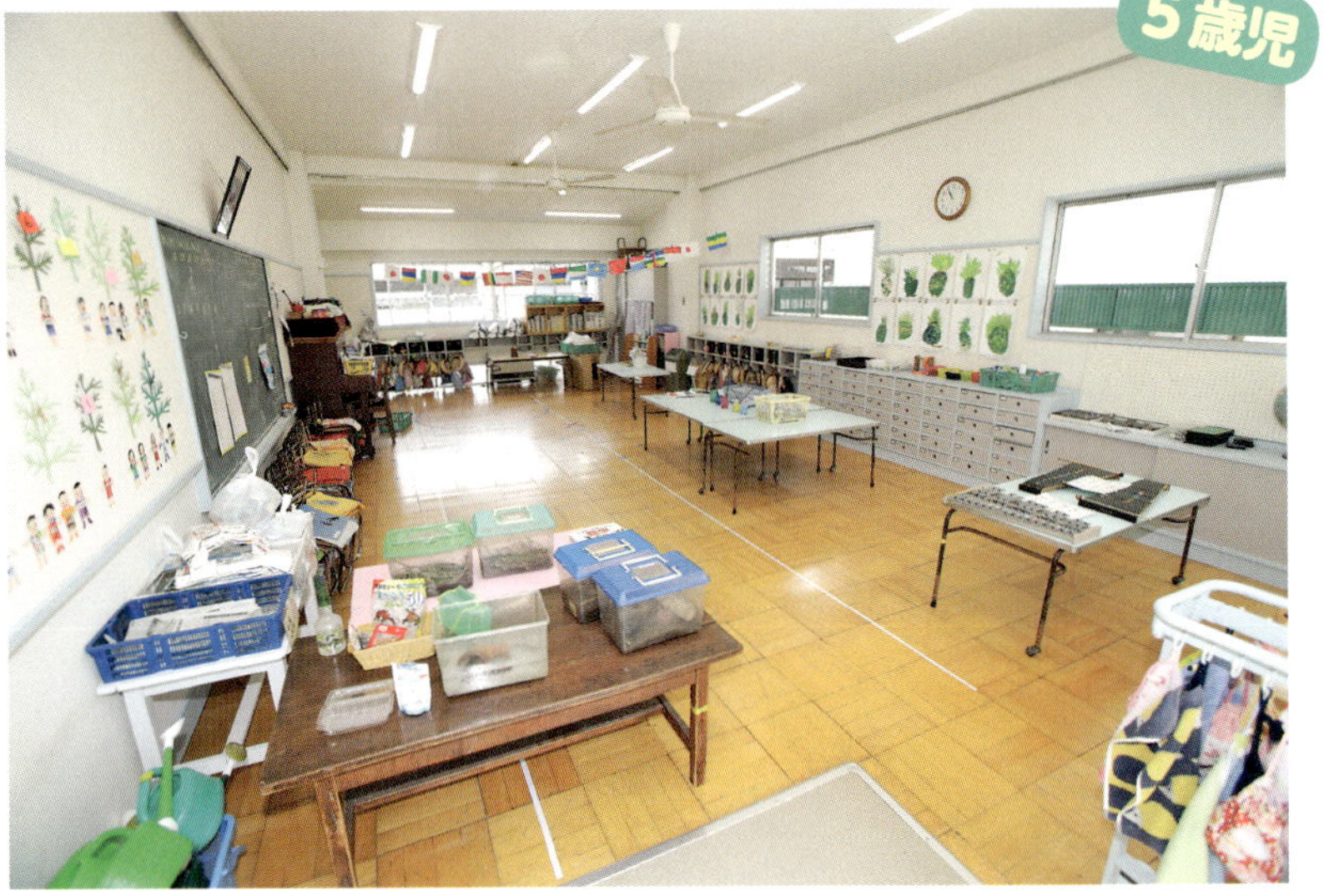

保育室でも生きものと一緒の生活

（上・下）保育室にも虫かごや水槽を置いて、都心ではあまり見かけない小さな生きものを身近に感じる機会をつくっている。

身近な生命とふれあう

園庭にあるインコやウサギの小屋では、子どもたちが生きものの世話をすることで生命の大切さを知るきっかけに。

植物の成長を観察し、自然の恵みを楽しめる裏庭

裏庭には畑があり、季節の野菜を育てている。この日はちょうど、ダイコンの種をまき、ブロッコリーの苗を植えたばかり。畑の周りの樹木には、先代の園長が植えたウメやモモ、ビワなどがたわわに実り、子どもたちの楽しみのひとつとなっている。

広々とした、屋上のグラウンドとプール

（上）グラウンドの反対側には、プールもある。（右）園舎の屋上は、子どもたちがサッカーも楽しめるほど広いグラウンドになっている。

自然との豊かな関わりを実現する環境

江東区立みどり幼稚園

（東京都江東区）

宮里先生より

自然との出合いの演出

「豊かに感じ、意欲をもって遊ぶ幼児を育てる」という研究テーマを掲げ、環境や保育内容を工夫しています。大きな団地の中にある幼稚園ですが、園内に自然を呼び込む工夫を随所にしているので、自然との出合いが豊富にあります。「こんなことをしてみたらどうかな？」とやってみる気持ち、やってみたことに対して「子どもたちがどうだったかな？」と見返す姿勢があるから、子どもがいきいきと育つのだと思います。

園庭から直接保育室に出入りできる園舎。

限られたスペースでもできることをやってみる

園舎の横手にある、小さいけれど充実したビオトープ。アシや水草が生え、メダカやヤゴがすみ、子どもたちが生きものの生態や四季の自然を観察できる、格好の場所です。

毎年プールが始まる頃になると、5歳児たちは、同じ団地内にある中学校のプールに赤トンボやシオカラトンボのヤゴを捕りに行きます。「水を抜いて掃除をするときに、地域のネイチャーリーダーに協力してもらいながらヤゴを捕るこの活動は、『ヤゴ救出大作戦』と呼ばれ、子どもたちにとっては初夏の大きな楽しみとなっています」と語る、園長の渡部佳代子先生。持ち帰ったヤゴは、ビオトープに放したり、保育室で飼育したりして、羽化を観察します。

ヤゴは、早いときには持ち帰って1週間ほどで羽化してトンボになりますが、なかにはうまく羽化できないヤゴもいて、子どもなりに“生命”について考える、とてもよい経験となっているそうです。

また、園内のプランターではいろいろな夏野菜を育てているほか、中学校の畑を借りてサツマイモの栽培をしたり、チョウを呼び込むためにチョウのためのキャベツを作ったりと、限られたスペースの中でも子どもたちが自然とふれあい、自然から学べるようなさまざまな試みがなされています。

絵本の部屋では、週に1回の貸し出しも行っている。

ビオトープには、「わくわくいけ」の看板が。

園庭の芝生では、元気に走り回る子どもたちとともに、寝転ぶ子も。

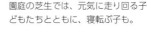

プランターひとつからでも始まる「小さな自然」とふれあう工夫

園庭

ビオトープや畑だけでなく、園のあちこちに置かれたプランターのさまざまな植物も、子どもたちに自然のすばらしさを教えてくれます。

ビオトープは出合いの宝庫

ビオトープは子どもたちの格好の遊び場。この日も保育者と一緒に自分たちで作った"トンボのメガネ"で虫探し。

みんなで育てて みんなで食べる

園庭にはサツマイモなどの畑が。収穫したらみんなで食べる。モンシロチョウが来るように、キャベツ畑にしたことも。

木陰が作る、やすらぎの空間

強い日ざしをさえぎる木陰があるだけで、そこはやさしい空間に。そんなやすらぎの空間では、4歳児が花からとった色水で、「じゅーすやさん」が開店中。

先輩から引き継いだ生命を育てる

前年度の5歳児から引き継いだカブトムシの卵を飼育かごに移して、帰りの会の時間にみんなに紹介。初めて見る卵に、子どもたちは興味津々。

ちょうどいい量の水やりができるように「水やりセット」

みんなで少しずつ世話をすることで、花への愛着も深まり、花が咲いたときの喜びはひとしお。赤い洗面器の中には水。子どもたちはカップ1杯の水を育ってきた苗にそっとかける。

種を収穫して、生命をつなげる

花が終わって種ができたら、種をとって、翌年また花を咲かせる生命のサイクルを体感。

園庭の中央に離して置いたプランターを、子どもたちは間をただ通るだけでなく、障害物として飛び越えたりまたいだり……。子どもたちの活動は、大人の想像を超えて広がる。

宮里先生より

プランターの位置で子どもたちの動きが変わる！

子どもたちと自然との関わりを豊かにしたい！と願ったときに、出てきた案がプランターの位置をあえて園庭の中央にもってくること。運動の邪魔にならないように園庭の隅に置いていたプランターを移動することで、プランター周りが色水作りの拠点に。変えてみる、ってとても大切だということに気づかされます。

園庭にはこんな築山も

コンクリートの水道管を埋め込んだ築山は、子どもたちの楽しい遊び場。登ったり駆け降りたり、潜ったり、遊び方はいろいろ。

ヤゴ救出大作戦！

中学校のプール掃除の前に、ヤゴを救出する5歳児。自然とのふれあいだけでなく、地域でのふれあいも。

生命の大切さを知る
生きものと一緒の豊かな生活

園舎

メダカやヤゴ、カブトムシからモルモットまで、いろいろな生きものを飼うことで、子どもたちは生命の大切さ、愛おしさを学びます。

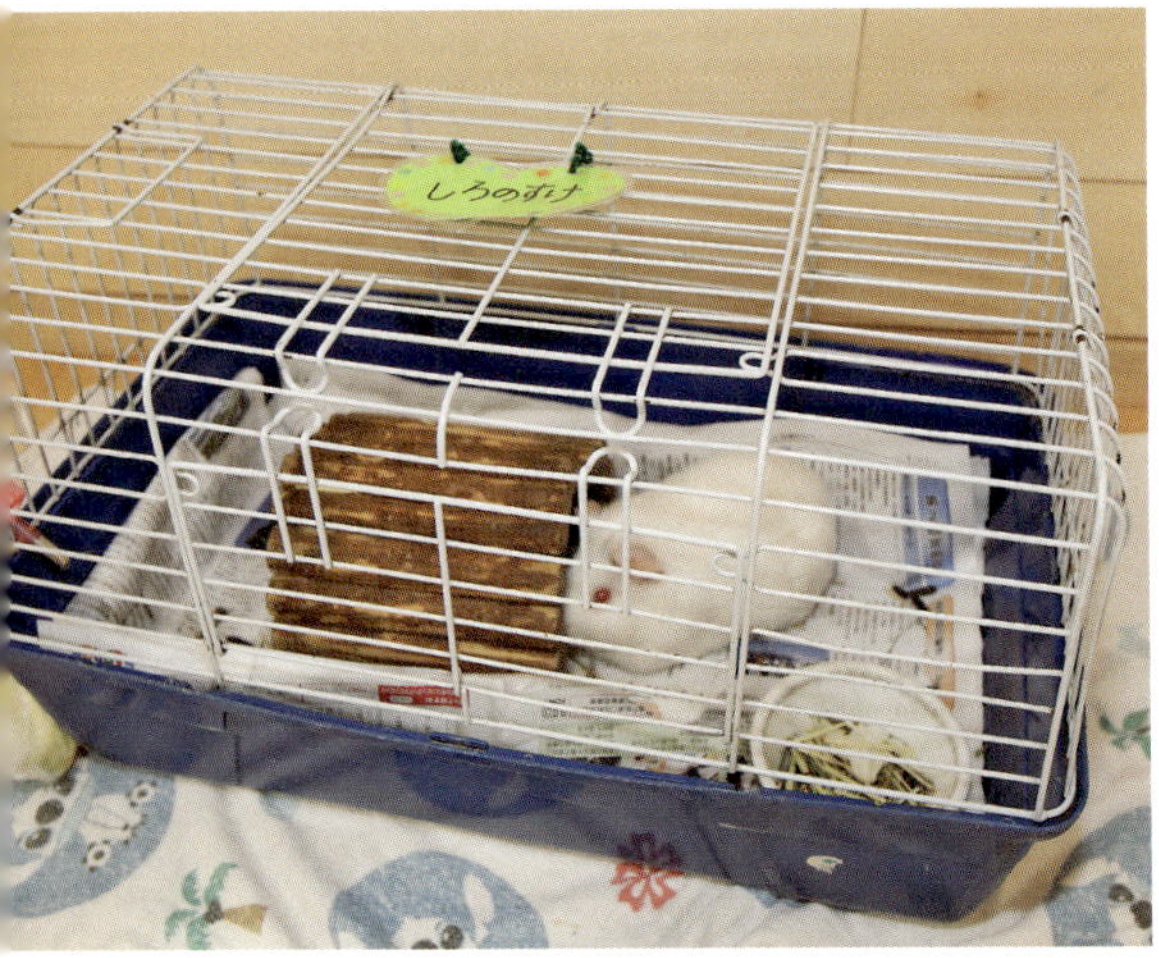

生きものも、みんなの仲間

（左）子どもたちが当番制で世話をしているモルモットの「しろのすけ」は、みんなのマスコット。

（下左）保育室でメダカやカブトムシを飼うことで、生態や飼育法など、いろいろなことに興味をもって調べるきっかけに。

（下）ヤゴやセミの抜け殻も、子どもたちには生命の不思議を感じる大切な宝物。

5歳児

壁の掲示も みんなで手作り

季節ごとの自然をモチーフにした掲示物。秋はブドウとトンボとり。

片づけ

毎日自分でする整理整頓の習慣づけ

（右）製作用の材料も、中身のイラストを貼ったかごに入れて整理して、子どもたちが自然に整理整頓を身につけられる工夫が。

（左）使ったいすは、自分たちで片づけ。「出したらしまう」を身につける。

5歳児

4歳児

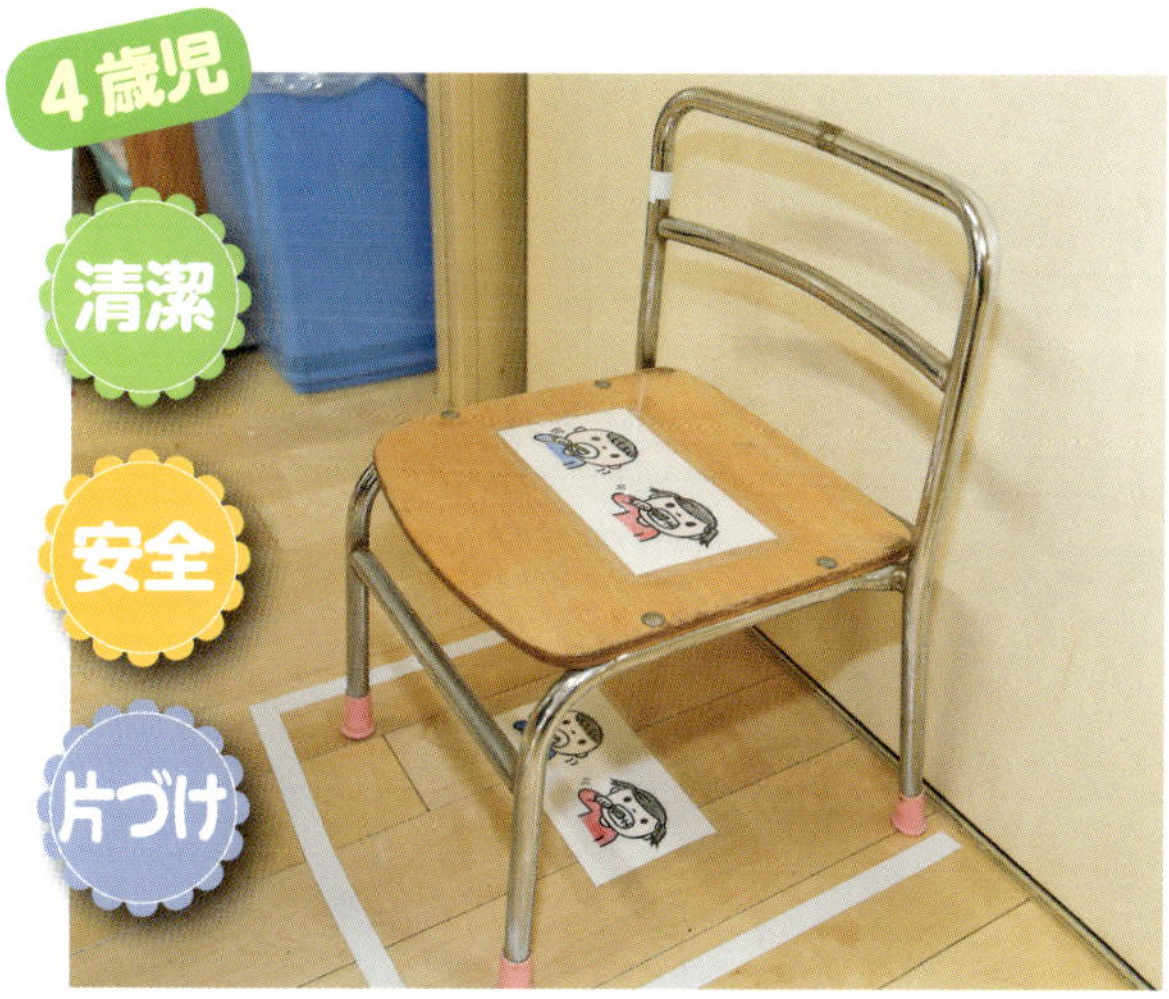

手洗い・歯みがきには専用のいすを用意

食後の歯みがきのときは、専用のいすを用意して、ちゃんとみがけるようにひと工夫。歯みがきが終わったら、いすを指定席に戻して歯みがき終了。

お茶はいかが？ 今日はぼくが当番だよ

食事時間のお茶は、子どもたちの当番制。みんなでワゴンを運び、お茶を配る。成長を実感する瞬間。

こまめな着替えで、清潔＆体調管理

（左）制服のスモックや帽子は、荷物とともにラックの自分のスペースに。

（右）汗をかいたら、手早く着替え。着替えセットを保育室の入口近くに置いておくことで、すぐに着替えができて、帰りも忘れずに持ち帰ることができる。

宮里先生より

空間を工夫してみたら！～屋上に田んぼ～

園内に入ると、廊下がスロープになっている。保育室から屋上に上がる入口が秘密の通路のようにも見える。駒場幼稚園を訪れるたびに、その空間の面白さにワクワクします。美術館の中にいるような気持ちになるのは、光のさし込み方によるのかもしれません。そして屋上に行くと､そこには田んぼがあります。本格的な田んぼでお米を育てています。環境を工夫し、豊かな体験を保障している、素敵な幼稚園です。

空間を上手に活用して豊かな体験

駒場幼稚園

（東京都目黒区）

大けやきの横の門をくぐると、園庭の先に園舎が見える。

限られたスペースを最大限に生かしたふたつの庭

園舎の中央にある緩やかなスロープを上がり、テラスに出て、さらにらせん階段で屋上に出ると、目の前に雑草の生い茂ったはらっぱが広がります。近年でこそ、こうした風景を目にする機会も増えましたが、この園舎が建てられた1973年当時には屋上庭園自体がまだ珍しく、スロープとともに発想の自由さが感じられる空間となっています。

屋上には全面に土が入れられ、一部は田んぼや畑になっています。田んぼでは、春には代かきや田植え、秋には稲刈りを行い、畑ではジャガイモ、日の当たる石段でイチゴなどを育てています。「土があるので自然に雑草が生え、虫がたくさん暮らすはらっぱになっているため、子どもたちにとっては自然とふれあい、思いきり遊ぶことができる、とても楽しい空間」と園長の杉本裕子先生は語ります。

都心にあるこの園は、敷地が細長く、園舎から見ると奥に広い園庭となっています。そのため、見通しがききにくいことから、子どもたちの姿ができるだけ死角に入ることのないよう、園舎には設計の段階からさまざまな配慮が施されています。

限られたスペースを最大限に生かし、園庭に加え、屋上も活用しながら、子どもたちが豊かな体験ができるようにサポートしています。

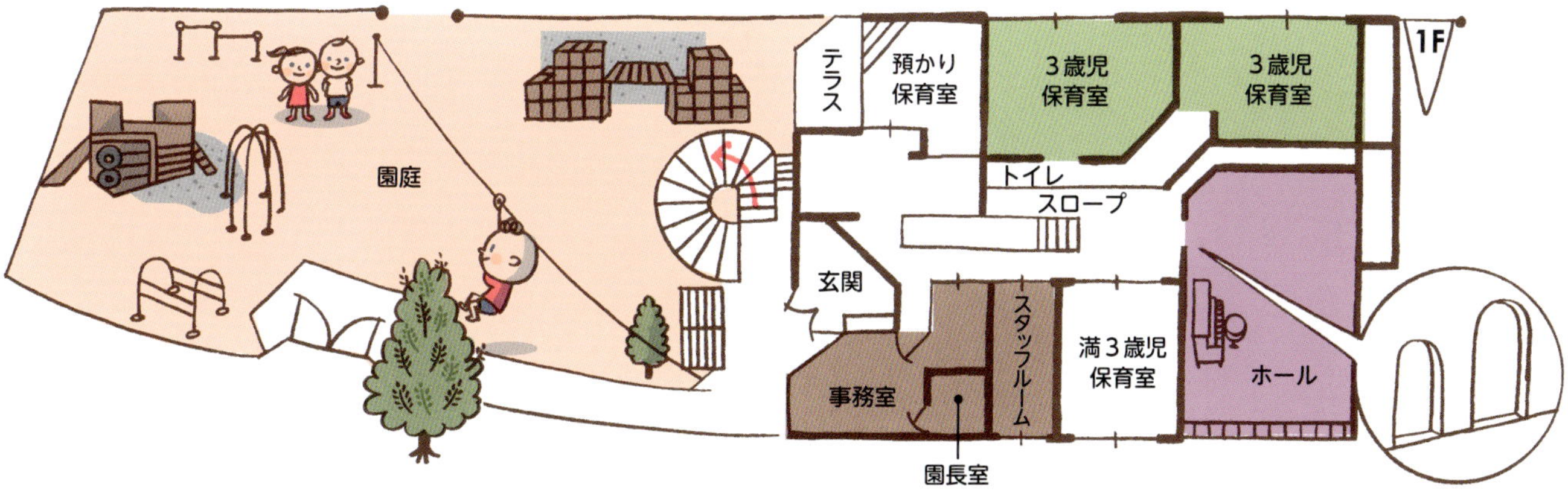

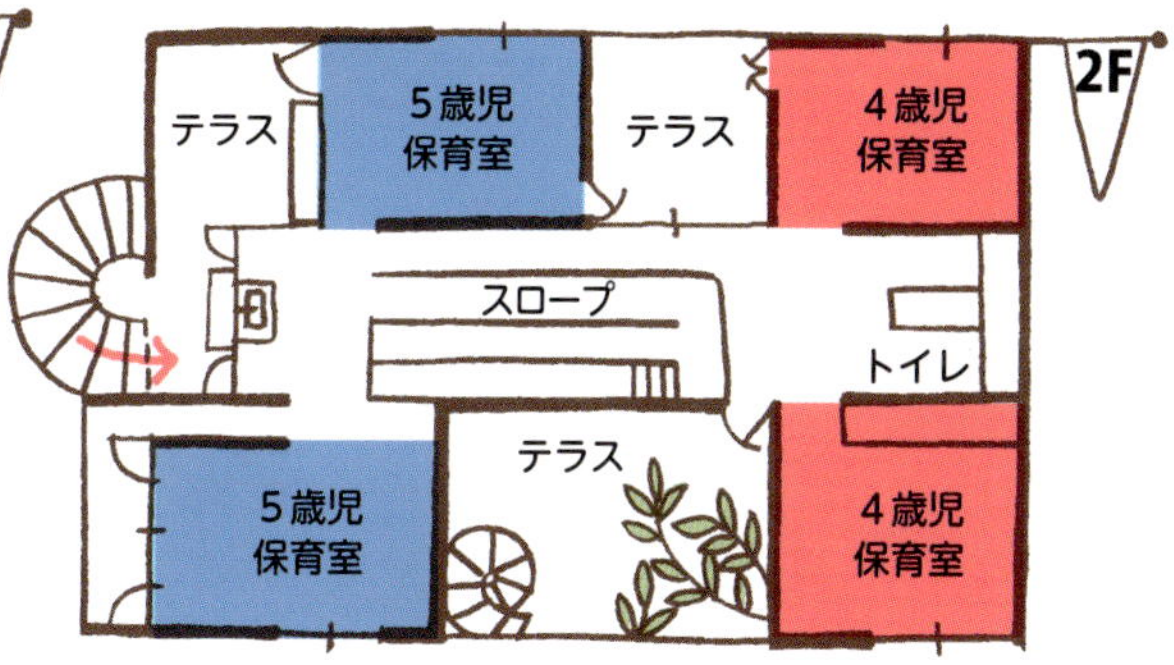

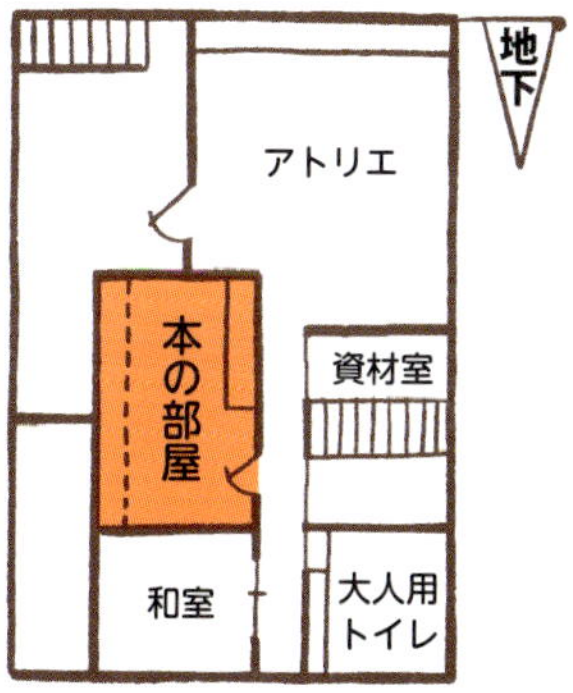

4・5歳児は、らせん階段を上がったテラスで靴をはき替え、保育室へ。

2階に続く長いスロープを中心にしたユニークで使いやすい園舎

園舎

大きな窓からスロープにさし込む日ざしが心地よい園舎は、デザインと実用性が見事に融合した意匠にあふれています。

打ち抜きで動線と視線を確保

1階の突きあたり、スロープの先でさらに数段下がり、ホールに入っていく。保育室との仕切り壁には、通り抜けができる打ち抜きが作られ、動線と視線を確保している。ままごとやごっこ遊びの場にもなっている。

お迎えを待つのも楽しい窓際

預かり保育のクラスと未就園児クラスの保育室にある窓際のコーナーは、一段高くなっている。ここで遊んだり、下にいる人をながめるのも楽しい。

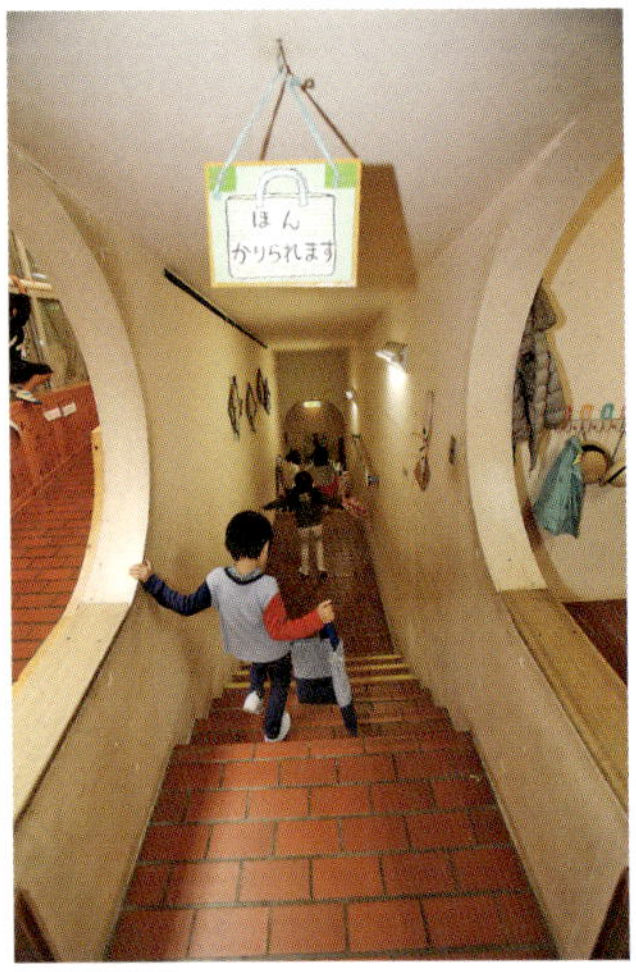

地下に通じる秘密の通路!?

(左) 看板の先にある部屋に通じる階段も、子どもたちの好奇心を刺激する。

(下) 地下にある本の部屋は、月・木・金だけ開く、ちょっぴり秘密めいた場所。

生活を便利にする意匠とデザイン

デザイン的な楽しさだけでなく、見通しをよくして保育者の目が届くように工夫された丸窓と、スロープをショートカットするために増築された階段。手すりの下は透明になっており、意匠と利便性がうまく調和している。階段下の小さなのぞき窓からは、ホールの様子がうかがえる。階段を下りている子どもたちは、「お散歩に出かける猫とその飼い主」だそう。

ときにはここでランチも

光がいっぱいの明るいテラスは、みんなのお気に入り。
たまにはピクニック感覚で、ここでお弁当を広げることも。

テラスに土俵が!?

2階の保育室にはさまれたテラスは、サンルームのように明るい空間。多目的スペースとして子どもたちの格好の遊び場となっている。床には以前描かれていた、相撲の土俵が残っている。

片づけ

使ったあとは自分で片づける

ひと通り遊び終えたら、自分たちで片づける。いすや積み木を片づけ、ござは保育室へ返して元のフリースペースに。

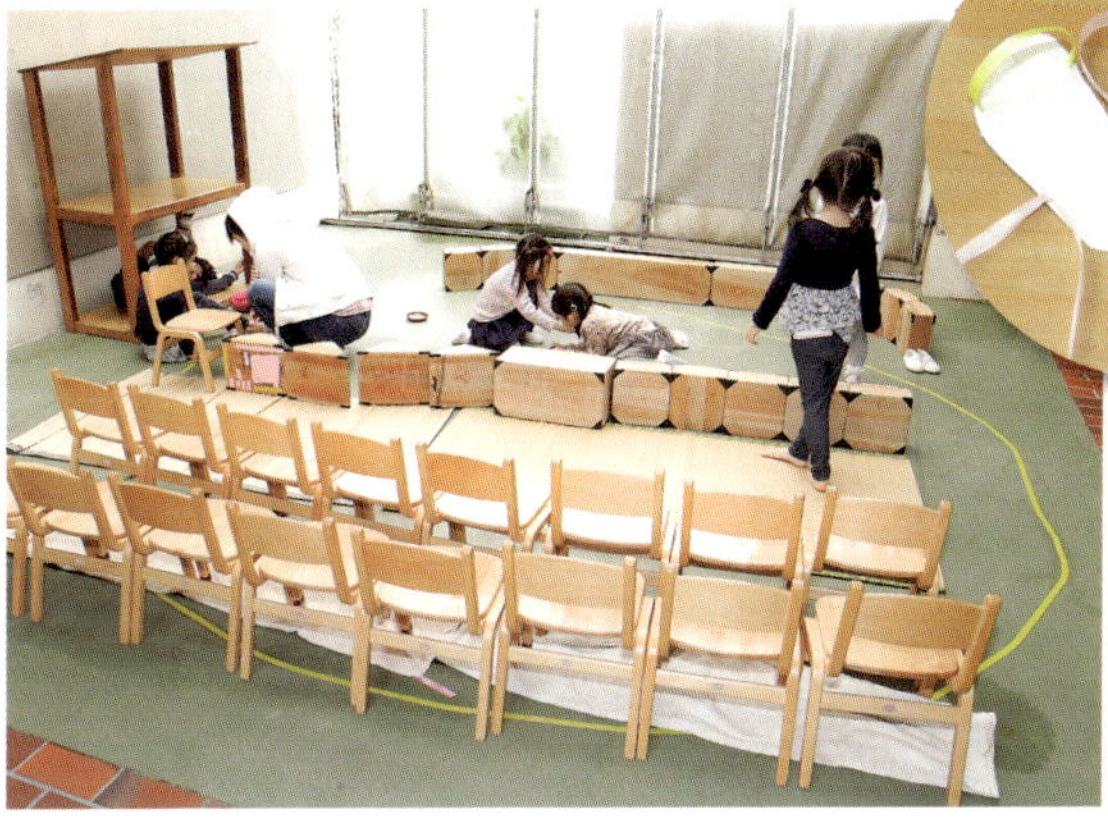

今日はフィギュアスケート会場になりました

この日はいすがきれいに並べられ、観客席が完成し、フィギュアスケートの会場に。手作りのスケート靴も用意され、準備万端。

排せつ

トイレのマナーが身につくカード

2階にある4・5歳児トイレには、個室の前に「あいています」のカードが。入るときにはカードを裏返すと「はいっています」となり、使用中であることを知らせるようになっている。

着脱

靴のはき替えは外のテラスで

（左）2階に保育室がある4・5歳児たちは、外階段を上がったテラスから出入りする。
（右）4歳児は、この表示を見て、自分で靴をはき替える習慣を身につける。

都心でも自然との豊かな関わりを

屋上・園庭テラスなど

広々とした屋上のはらっぱと、木々に囲まれた園庭、そして２階のテラスなど、園のあちこちに自然とのふれあいがあります。

テラスで育った果樹

屋上につながる２階のテラスには、ビワとブドウの木がある。これは、子どもが種を植えたものが育ち、今では季節には収穫できるように。

屋上にはらっぱが出現

これが屋上!?と驚いてしまう広々としたはらっぱ。夏にはここに、プールが設置される。

屋上で米や野菜を収穫

（上）屋上にある田んぼでは、毎年米を栽培。うまくできない年もあるが、収穫した米でもちつきをして、鏡もちを作る。鏡開きをして、おしるこに入れたおもちをみんなでいただくのが、園の年中行事。

（下）ジャガイモや夏野菜、サツマイモなど、季節の野菜を栽培している畑。現在は収穫が終わって養生中。

宮里先生より

自然を呼び込む工夫

上の写真、これが屋上だと思えますか？土を敷きつめ、月日がたつうちに草が生い茂り、こんな具合になったのでしょうか。自然を呼び込む工夫は、まず「土」からなのかもしれませんね。

ボルダリングもできる滑り台

屋上にある滑り台は、中央部にホルダーがついていて、ボルダリングも楽しめる。左の石段に置かれたプランターには毎年イチゴが実る。

正門から続くスロープ

園庭の横を通る、正門から玄関までの道のりもスロープになっている。つもった落ち葉の下に潜む虫を探しに、子どもたちが来るのもここ。

園舎に入る大事な階段

右奥に見える、園舎に入っていく階段は、大人も子どももその上に立って園庭の様子を見渡せる場所。3歳児のクラスでは、天気のいい降園時はここに腰かけて、園庭に迎えに来る保護者と会う場所にもなる。

隣接しているのは高校のサッカーグラウンド

採光と換気のための大きな窓からは、外の緑がそのまま見える。

長い廊下に羊毛が

保育室の前のスロープは、長い廊下となっている。手すりにつけられたかごには、園にやってきた移動動物園で毛刈りを見学したヒツジの毛が入っていて、子どもたちはその思い出とともにふわふわした毛の感触を楽しんでいる。

生きものとふれあう時間も大切に

2階の廊下には、ウサギや、魚やカマキリの卵など、小さな生きものがいるコーナーが。園庭でとれたカキ、みんなで公園で拾ってきたマツボックリなどとともに自然を感じることができるようになっている。

世代を超えて支え合う場所

ふれあいの家—おばちゃんち

（東京都品川区）

宮里先生より

子どもは街で育つ

困ったときに「大丈夫？」と声をかけ合い、「おたがいさまよ」「ありがとう」と気軽に助け合える関係。「子育て」を「孤育て」にしないために、おばちゃんたちが立ち上がりました。「子どもと大人のパートナーシップ」を原点に、世代を超えてだれもが気軽に集える居場所として、時代が求める子育ての社会化を推進、地域基盤の強化に寄与することを目的としている法人です。日本中に「おばちゃんち」が広がったらいいな、と願います。

世代を超えたふれあいの場を目指す
品川宿おばちゃんち「ほっぺ」。

「困ったときのおばちゃんち」でありたい

「赤ちゃんから高齢者までが、世代を超えてふれあい暮らせる、そんな〝まち〟をつくりたい！」という思いで立ち上げた「NPO法人ふれあいの家―おばちゃんち」。

「ふれあい広場」や「まなびあい広場」など、「おばちゃんち」が行っているさまざまな試みの中で、おおむね生後3か月から就学前の子どもを対象に、短時間・短期間の預かり保育を行っているのが、「ほっぺ」（北品川）と「わっこ」（西中延）、ふたつの「あずかり広場」です。

どちらも保育者や保育サポーターの〝おばちゃん〟たちが、一日数時間、子どもたちを見守っています。保育園への入園条件を満たしていない短時間の仕事や通院、介護といった理由のほか、お母さんのちょっとした息抜きに、近所のおばちゃんに預けるような感覚で使ってもらえれば、という思いから始まったそう。

あずかり広場に集まる子どもたちは、日や時間によってまちまちですが、かつてのようにご近所同士で子どもを預ける共助の関係が消えつつある今、「いざというときに預けることができる場所があるということが、保護者の安心につながり、気持ちに余裕ができる」と、代表理事の幾島博子さんは語ります。まさに、「困ったときのおばちゃんち」。昔ながらの「お互いさま」の関係が、そこにあります。

手作りの囲いで安全対策

洗面台の前には、段ボールで作った囲いを置いて、小さな子の安全にも配慮。キッチンの前には、子どもたちが絵を描いたついたても。

大人も子どもも落ち着くたたみのスペース

棚で仕切られた奥は、たたみになっていて、お弁当を食べたり、子どもを寝かせたり、さまざまな用途で活躍。ときには子育てに悩むお母さんのための相談室になることも。

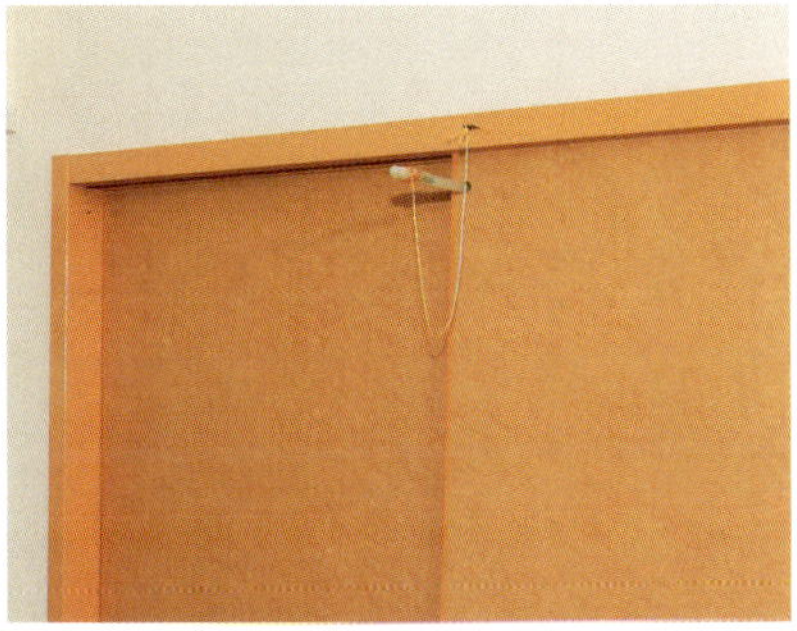

ドアのかんぬきはボールペン！

ドアの穴に差し込み、カギの代わりにしているのはなんとボールペン。こうした細かなところにも、元保育者の経験によるアイデアが光る。

おもちゃはおばちゃんたちの手作り

棚には、おばちゃん手作りのおもちゃがいっぱい。特にお弁当のおもちゃは子どもたちに大人気。手のあいているときに作っているうちに箱いっぱいに。

宮里先生より

街がいきいきする

子どもの笑い声が響くとうれしくなります。そこに大人も加われば、もっとうれしくなります。街の中に子育て拠点が増えていくことで、子どもの「やりたい」が広がっていくといいですね。

地域に根ざし、いろいろな人と交流

「おばちゃんち」では、預かり保育だけでなく「北浜こども冒険ひろば」などのプレイパークを運営し、赤ちゃんから大人までの“いこいの場”をつくっています。

親子で楽しむ紙芝居

「ほっぺ」のすぐ近くの「北浜こども冒険ひろば」は、自由な遊びができる品川区初のプレイパークとして活動開始。平日及び土曜日の14時からは、専任のプレイワーカーがいて、子どもたちの遊びをサポートしている。月に１回、プロの声優さんがボランティアで行っている紙芝居には、子どもたちだけでなく地域の人の姿も見える。

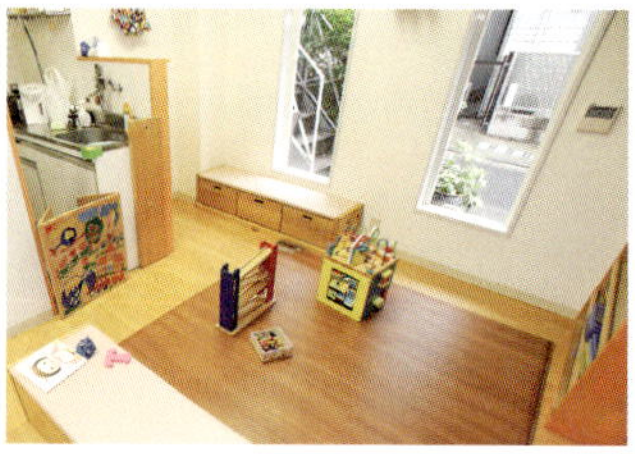

通りが見える保育室

「ほっぺ」の窓からは、外を歩く人や迎えに来た保護者の姿が見える。地域の人にとっても、保育室での様子が垣間見えて親しみを感じやすくなっている。

小学生もやってくるおばちゃんち

窓が道路に面していて中の様子が見える「わっこ（西中延）」には、お世話になったおばちゃんがいると声をかけてくる小学生も。

「しながわこども冒険ひろば」も運営

自然に恵まれた、しながわ区民公園内にある「しながわこども冒険ひろば」は、全国に400か所以上あるプレイパークのひとつ。「ふれあいの家―おばちゃんち」が区から委託を受けて運営し、「自分の責任で自由に遊ぶ」をモットーに、常駐プレイワーカーが訪れた子どもたちの遊びをサポートしています。

冒険ひろばには、園庭が狭い、園庭がないという保育園や幼稚園が、子どもたちに豊かな外遊びを体験させたいという願いをもって、毎日のようにやってきます。園ではできない遊びやふれあいなどの豊かな体験ができる、外のリソース（資源）ともなっているそうです。

ときには「リスク」も大事

自分の限界に挑戦し、乗り越えていくときに伴う危険＝「リスク」を大切にしている。遊具の急勾配を登れない子には、大人が手を貸さないようにうながす注意書きも。

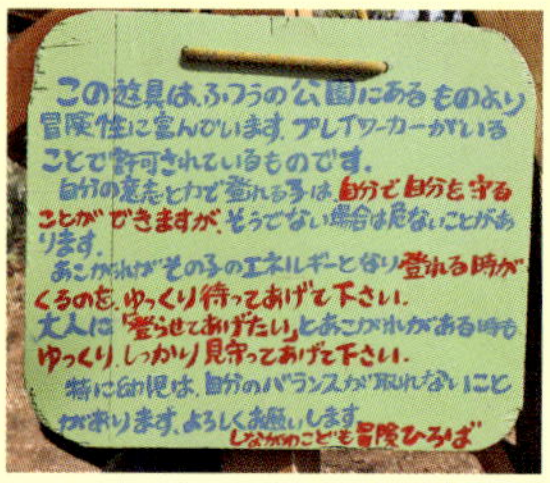

子どもたちの遊びを支えるプレイワーカー

冒険ひろばには、子どもたちの「やりたい！」と思う気持ちを聞いてくれるプレイワーカーがいる。子どもが困っていれば「じゃあ､こんな遊びは？」と提案することも。プレイワーカーと力を合わせて、こんなスリルのある遊びにも挑戦できた。

地域のみんなで支える子どもの遊び

赤ちゃん連れのお母さんたちが、少し大きな子が遊ぶそばでおしゃべり。幼児、小学生、大人といろいろな世代でモンキーブリッジを設置したりも。地域全体で、子どものやりたい遊びを応援している。

子ども自ら遊びの工夫

切り株や木端も、子どもの遊びの素材。子どもが工夫し、発展させていく遊びは大人の想定を超えることもよくある。

公園の中でたき火⁉

広場では、プレイワーカーと一緒に火おこし体験も。小学生未満は保護者同伴だが、子どもだけでなく、保護者同士の交流の場ともなっている。

「プレイワーカー」のいる公園

スタッフの「プレイワーカー」が、子どもたちの興味や関心を引き出し、自然環境の中でさまざまな遊びを応援。靴や着替えを借りられるので、保護者も大喜び。

プレイパークの詳細は「日本冒険遊び場づくり協会」の HP をご覧ください。http://bouken-asobiba.org/

おわりに

園庭に咲く花を集めて、すり鉢ですり、色鮮やかな色水を作って遊ぶ子どもたちがいます。子どもたちは目の前で生まれていく美しい色の世界に引き込まれていきます。どの園でも楽しむ姿が見られる遊びですが、この体験は環境を工夫することでさらに豊かにすることができます。

色水を入れるカップを、ヨーグルトのあき容器から透明のカップに替えることで、色の美しさが際立ちます。すり鉢に加えておろし金を用意することで、さらに細かくすりおろすことができ、色の鮮やかさが増します。

園庭にクサギの木を植えれば青い色水を作ることができますし、ハーブを植えれば香りを楽しむようになります。小型のペットボトルを用意し、遊んだあとの色水を入れて窓辺に飾れば、美しさを感じるでしょう。日を追うごとに変化する色に気づく子どもがいるかもしれません。

環境を見直すとひとことでいっても、すぐできることもあれば、時間がかかることもあります。ひとりでできることもありますが、園全体の共通理解のもとで行う方が効果があがることもあります。すぐ行うことと時間をかけて行うこと。担任が日々行うことと、園の共通理解のもと行うことの両面がとても大切なのです。

そして忘れてはならないのは、いずれの場合も「子どもに体験させたいことは何か」ということへの問いから出発するということです。目の前の子どもたちの実態をしっかり把握した上で「この子どもたちに何を体験させたいか」という問いをいだき、環境を工夫するという姿勢です。

子どもの「やりたい気持ち」が発揮され、いきいきとした生活が展開することを期待します。それぞれのやり方で実現していってください。

お茶の水女子大学人間発達教育科学研究所 教授
文京区立お茶の水女子大学こども園 園長
宮里暁美

ご協力いただいた園・施設

ゆうゆうのもり幼保園
（神奈川県横浜市）

園児総数（定員）	207名
面積	2434㎡（敷地面積）
設立年	2005年
園長名	渡邉英則先生

文京区立お茶の水女子大学こども園
（東京都文京区）

園児総数（定員）	93名
面積	534㎡（園舎延床面積）
設立年	2016年4月
園長名	宮里暁美先生

みなと幼稚園
（東京都港区）

園児総数（定員）	156名
面積	1125㎡（敷地面積）
設立年	1948年
園長名	北條泰雅先生

バオバブちいさな家保育園
（東京都多摩市）

園児総数（定員）	80名
面積	1130㎡（敷地面積）
設立年	2001年4月
園長名	遠山洋一先生

江東区立みどり幼稚園
（東京都江東区）

園児総数（定員）	140名
面積	1750㎡（敷地面積）
設立年	2000年4月
園長名	渡部佳代子先生

関東学院六浦こども園
（神奈川県横浜市）

園児総数（定員）	270名
面積	3489㎡（敷地面積）
設立年	2013年4月（幼稚園設立は1948年）
園長名	根津美英子先生

駒場幼稚園
（東京都目黒区）

園児総数（定員）	160名
面積	1122㎡（敷地面積）
設立年	1955年
園長名	杉本裕子先生

お茶の水女子大学附属幼稚園
（東京都文京区）

園児総数（定員）	160名
面積	3300㎡（敷地面積）
設立年	1876年11月
園長名	藤崎宏子先生

特定非営利活動法人
ふれあいの家－おばちゃんち
（東京都品川区）

登録会員総数	約500名
発足年	2002年9月
代表理事名	幾島博子さん

東洋英和女学院大学付属かえで幼稚園
（神奈川県横浜市）

園児総数（定員）	150名
面積	2312㎡（園地面積）
設立年	1973年
園長名	大漉知子先生

（掲載順・本書に掲載の情報は、2018年2月現在のものです。）

●監修

宮《みや》里《さと》暁《あけ》美《み》

国公立幼稚園教諭、お茶の水女子大学附属幼稚園副園長を経て、十文字学園女子大学幼児教育学科教授として2年間保育者養成に携わる。2016年4月より、お茶の水女子大学人間発達教育科学研究所教授、文京区立お茶の水女子大学こども園（2016年4月開設）園長。

乳幼児期の教育についての実践的な研究に取り組むとともに、子育て中の親たちへの応援メッセージを送っている。長く保育者として勤務していた経験から、「子どもの姿から学ぶ」をキーワードに実態に基づいた保育内容の見直しや子どもが育つ環境についての提案を行っている。

主な研究領域：保育学全般　環境による教育　幼小接続期　保護者支援

主な著書『子どもたちの四季ー小さな子をもつあなたへ伝えたい大切なこと』（主婦の友社）、絵本『イヤイヤ！ブブタのーいるよね～！こんなこ』（作・絵たかいよしかず　主婦の友社）監修、『できるよ! せいかつ366（頭のいい子を育てる）』（主婦の友社）監修、『幼小接続期の家族・園・学校』（東洋館出版社）共著

●取材協力・写真提供いただいた園・施設（掲載順）

文京区立お茶の水女子大学こども園(東京都)
バオバブちいさな家保育園(東京都)
関東学院六浦こども園(神奈川県)
お茶の水女子大学附属幼稚園(東京都)
東洋英和女学院大学付属かえで幼稚園(神奈川県)
ゆうゆうのもり幼保園(神奈川県)
みなと幼稚園(東京都)
江東区立みどり幼稚園(東京都)
駒場幼稚園(東京都)
ふれあいの家ーおばちゃんち(東京都)

STAFF

デザイン・DTP　有限会社チャダル
執筆協力　石森康子
撮影　ユナミ カオ、斎藤英明（学研写真部）、梅沢香織
イラスト　岡本典子
校閲　株式会社麦秋アートセンター
編集　株式会社童夢

※本書に掲載の情報は、2018年２月現在のものです。

Gakken保育Books

0-5歳児　子どもの「やりたい！」が発揮される保育環境

2018年４月３日　第１刷発行
2025年１月６日　第９刷発行

監修　宮里暁美
発行人　川畑　勝
編集人　中村絵理子
企画編集　猿山智子
発行所　株式会社Gakken
〒141-8416　東京都品川区西五反田2-11-8
印刷所　TOPPAN株式会社

●この本に関する各種お問い合わせ先
本の内容については、下記サイトのお問い合わせフォームよりお願いします。
https://www.corp-gakken.co.jp/contact/
【書店購入の場合】
在庫については　Tel 03-6431-1250(販売部)
不良品（落丁、乱丁）については　Tel 0570-000577
学研業務センター　〒354-0045　埼玉県入間郡三芳町上富279-1
【代理店購入の場合】
在庫、不良品（落丁、乱丁）については　Tel 03-6431-1165(Gakken SEED)
上記以外のお問い合わせは　Tel 0570-056-710(学研グループ総合案内)

学研グループの書籍・雑誌についての新刊情報・詳細情報は、下記をご覧ください。
学研出版サイト　https://hon.gakken.jp/